심도 있게 편찬된
구역 및 대학·청년부 BEST G.B.S. 시리즈

JN448806

BEST
사무엘상 II

묵상하는사람들
프리셉트

서문

하나님의 말씀을 향한 뜨거운 열정을 가진 한국 교회 성도들을 위하여 쉼없이 달려온 프리셉트성경연구원은, 쉽고도 심도 있는 성경공부 교재 개발의 부르심에 따라 BEST G.B.S. 시리즈를 기획하여 출간하게 되었습니다.

BEST G.B.S.는 참여자들의 수준이 천차만별하고 그들이 처한 상황이 다양한 점을 고려하여, 다양한 포커스를 가진 도입글과 질문을 제시하였습니다. 뿐만 아니라 깊이 있는 질문을 다각도에서 나눌 수 있도록 선택 질문을 기획하여 묵상의 깊이를 더하였습니다.

한편, 프리셉트성경연구원은 한국 교회를 효과적으로 돕는 다양한 교재를 구역, 셀, 소그룹, 그리고 청년부의 조모임을 위해 많이 개발하고 있습니다. 그 종별의 특징은 다음과 같습니다.

Ⅰ. G.B.S. 교재의 종별 특징

1. High G.B.S. 시리즈

평신도 소그룹 중 성경공부를 장기간 진행해 온 분들에게 적합한 교재입니다. 프리셉트성경연구원의 고급 과정(PUP)에서 다루는 내용을 압축하여 정리한 내용으로서, 참여자들이 1시간 정도 예습해 올 수 있을 때에 효과적으로 진행할 수 있는 교재입니다.

2. BEST G.B.S. 시리즈

소그룹 참여자들의 신앙 수준이 다양한 점을 고려하여, 다양한 도입글과 질문을 제시하였습니다. BEST G.B.S.를 쉽고 편하게 진행하기를 원하면, 「더 깊은 연구와 묵상을 위하여」를 생략하고 다룰 수 있습니다.

3. 쉬운 G.B.S. 시리즈

이 교재는 질의응답식 내용을 통해 누구나 예습 없이 현장에서 쉽게 진행할 수 있도록 구성되었습니다.

4. 주제별 G.B.S. 시리즈

이 교재는 성경의 내용을 주제별로 다뤄서 해당 주제에 대해 성경적 세계관을 확립하는 데 큰 도움을 줍니다.

5. 하나님 마음에 합한 시리즈

이 교재는 신앙생활에 관한 16가지 주제를 소그룹용으로 편찬한 교재로서, 쉬운 G.B.S.에 비해 다루는 내용이 넓고 깊습니다.

6. 40분 G.B.S. 시리즈

이 교재는 미국 프리셉트 본부에서 기획된 교재로서, 약 40분 동안 활발한 토의식 성경공부를 진행할 수 있도록 구성된 편리하고 유용한 교재입니다.

7. 성품 G.B.S. 시리즈

이 교재는 성도들이 소그룹에서 끈기 있게 예수님의 성품을 배우도록 편찬되었습니다. 이 시리즈는 감사, 경건 등 성품이란 주제에 대하여 성경 본문을 집중적으로 연구하여 적용하도록 돕는 성품 변화에 통합된 자료입니다.

8. 기타

그 외에 수련회용, 주말 성경학교용, 청소년용, 제자훈련용 등 많은 교재가 준비되어 있습니다.

II. 인도자를 위한 안내

1. 시작 시간을 정확히 지키십시오.
2. 성령님께서 말씀의 비밀을 깨우쳐 주시도록 함께 기도하십시오.
3. 성경공부에 들어가기 전, 지난 주에 깨달은 말씀을 함께 나누면서 마음을 여는 시간을 가지십시오.
4. 인도자는 시작하는 질문을 던지면서 참여자들의 활발한 토론을 유도해 나가십시오. 질문을 할 때에는 교재에 주어진 문제에만 국한하지 말고 다른 보충 질문들을 준비하여 이끌어 가십시오.

5. 각 문제마다 적절한 시간을 안배하여 중점적으로 다룰 문제는 충분히 토의하고 지엽적인 문제는 간단히 진행하십시오.
6. 각 과를 인도한 후, 다음의 평가항목을 통해 스스로 자기 점검을 하십시오.
7. 인도자로서 좀 더 깊이 성경을 배우고자 하는 분들은 프리셉트 성경연구 과정에 참여하여 도움을 받기 바랍니다(문의: 02-588-2218).

Ⅲ. 평가항목

1. 보조 질문은 좋았는가?
   명확하고 간략했는가?
   본문에 충실했는가?
   본질적인 문제에 접근했는가?
   깊은 통찰과 적절한 적용을 이끌어 냈는가?
2. 참여자의 발표를 잘 유도하고 격려했는가?
3. 말을 너무 많이 하거나 적게 하지는 않았는가?
4. 준비를 충분히 하였는가?
5. 분문에서 벗어난 방향으로 토의가 진행되지는 않았는가?
6. 시간은 잘 지켰는가?

Ⅳ. 본 교재에 대하여

사무엘상은 사사 시대에서 왕정 시대로 넘어가는 과도기 이스라엘에 관한 이야기입니다. 이 이야기의 핵심 인물은 이스라엘의 마지막 사사이자 선지자인 사무엘, 이스라엘의 초대 왕 사울, 그리고 이스라엘의 가장 중요한 왕 다윗입니다.

사무엘상 1-7장은 사무엘을 중심으로 전개됩니다. 사무엘이 태어나기 전 이스라엘의 상태는 비극, 그 자체였습니다. 약속의 땅에서 하나님의 나라를 이루라는 사명은 내팽개쳐졌습니다. 하나님의 은혜를 망각한 채, 종교적으로 부패했고 도덕적으로 타락했습니다. 더 이상 가나안 사람들과 다를 것이 없었습니다. 영토는 다 빼앗기고, 주전 11세기에는 블레셋의 강력한 도전 앞에 무기력하게 주저앉았습니다. 이때, 하나님은 사무엘을 준비하시고 세우셨습니다. 죽어 가는 사사 시대를 정리하게 하시고, 새로운 왕정 시대를 준비하는 역할을 맡기셨습니다. 사무엘의 출생 과정과 소명, 그의 초기 행적들과 언약궤의 회복, 블레셋과의 전쟁에서 승리함 등의 이야기는 단순히 사무엘 한 사람에 관한 역사가 아니라, 죽어 가는 이스라엘을 살리시는 하나님의 구원의 역사였습니다.

사무엘상 8-15장까지는 사무엘과 함께 사울이 등장합니다. 사무엘상 8장에 들어서면서 이스라엘 장로들은 사무엘에게 왕정 제도를 요구합니다. 이스라엘 주위의 열방들은 왕을 중심으로 한 군사공동체로 뭉쳐 있었고 철제무기로 무장되었기 때문에, 이스라엘 역시 시대의 변화에 부응해야 한다고 주장한 것입니다. 왕정 제도는 이스라엘의 생존을 위해 필요했을 것입니다. 하지만 하나님의 백성들에게는 생존보다 더 중요한 자유와 신앙이 있었습니다. 이스라엘은 하나님의 통치 아래, 개인이 자유롭게 그 통치에 반응하도록 엮어진 유기체적 공동체였습니다. 그럼에도 왕정을 원하자 하나님은 그것을 수용하셨습니다. 대신 열방과는 다르게 왕정 제도를 통한 신정 제도를 실현하도록 하셨습니다. 하지만 사울 왕은 하나님의 제안을 거부했고, 결국 그는 하나님의 통치를 받은 왕이 되지 못했습니다.

사무엘상 16-31장까지는 사울과 다윗이 함께 등장합니다. 하나님은 왕정 정치를 통한 신정 정치의 실현에 실패한 사울 왕 대신 다윗을 왕으로 기름 부으십니다. 그 이후, 사울 왕은 점점 쇠퇴하고 다윗은 점점 왕이 되기 위한 준비를 갖추어 나갑니다. 사울 왕은 자기를 위해 싸우지만, 다윗은 여호와를 위해 싸웁니다. 사울 왕은 점점 마귀적으로 변해가지만, 다윗은 점점 그 능력과 재능을 발휘하게 됩니다. 두 사람 간의 비교와 대조는 우리가 하나님 나라의 백성으로서 어떻게 살아가야 하는지에 대한 도전을 던져 줍니다.

이 책을 공부하는 동안 여러분은 그리스도인의 삶에 대해 진지하게 고민하는 시간을 갖게 될 것입니다. BEST G.B.S. 사무엘상 Ⅰ·Ⅱ를 통해 견고한 신앙의 기반을 구축하고, 위대하신 하나님을 온 심령으로 찬양하는 기쁨을 누리시길 바랍니다.

프리셉트성경연구원

차례

01 중심을 보시는 하나님

본문 사무엘상 16:1-13

외울말씀 내가 보는 것은 사람과 같지 아니하니 사람은 외모를 보거니와 나 여호와는 중심을 보느니라 하시더라 (7절b)

도입을 위한 글

"다 잃었습니다. 겉만 보고 판단한 제가 잘못입니다." 자살하려다 미수에 그친 한 여인의 하소연이다. 한 여인이 아주 멋지게 생긴 기골이 장대한 얼짱을 만났다. 단지 상대방의 겉이 멋있고 매너가 좋아 신앙을 과감히 무시하고 결혼했는데 알고 보니 유부남이었다. 그녀는 충격을 받아 자살하려고 했다. 그렇다! 우리는 외적인 면에 치중해 사람을 바라보곤 한다. 그것은 책 표지가 예쁘다고 최고의 책으로 여기는 것처럼 어리석은 일이다. 더 이상 외모로 사람의 인격까지 판단해 버리는 그런 실수는 없어야겠다. 우리는 마음으로 사람을 바라보아야 한다. 마음으로 사람의 중심을 들여다보고 그 사람을 판단해야 한다. 그러다 보면 우리는 상대방의 가슴 속에 숨겨져 있는 다이아몬드를 발견하게 된다. 하나님은 우리의 중심을 보신다. 그리스도인은 날로 새로워져야 한다. 겉은 후패하나 속은 새로워지는 것이 그리스도인의 참모습이다.

-김학중, 국민일보 「겨자씨」

 복제불허 © 프리셉트

도입을 위한 질문

❶ 우리는 보통 "그 사람 능력 있다!"라고 말하곤 합니다. 요즘 세상에서 능력이라고 생각하는 것들은 무엇입니까?

❷ 여러분의 마음을 송두리째 들여다볼 수 있는 사람이 있을 것 같습니까?

본문 질문

❶ 하나님은 사울 왕 때문에 슬퍼하고 있던 사무엘에게 새 왕을 세우라고 명령하셨습니다(1절). 하지만 그 일은 사무엘이 죽임을 당할지도 모르는 매우 위험한 일이었습니다. 이를 위해 하나님이 주신 지혜(아이디어)는 무엇이었습니까?(2–3절)

* 사울 왕은 항상 사무엘의 동태를 주시하고 있었기에 왕을 세우는 일은 매우 위험한 일이었다.

❷ 사무엘은 하나님의 말씀에 순종했습니다. 사무엘을 영접하는 베들레헴의 장로들은 왜 떨었습니까?(4-5절)

* 갑작스러운 선지자의 방문이라는 점에 주목하라. 사무엘은 계속적으로 사울 왕의 심판을 예고했었고, 장로들의 관심은 평강(샬롬)이냐 심판이냐에 있었다.

❸ 하나님의 사람 사무엘도 우리와 같은 사람이었습니다. 사울에게 그랬듯이 엘리압의 무엇을 보고 판단했습니까?(6-7절)

❹ 사람은 외모를 보지만 하나님은 무엇을 보십니까?(7절)

* 중심(the heart; NIV, 7절): 마음을 말한다.

❺ 이새의 일곱 아들(6-10절)이 모두 선을 보였습니다. 하지만 막내였던 다윗은 선을 보이지 못했습니다. 그 이유는 무엇이었습니까?(11절)

 복제불허 © 프리셉트

❻ 다윗이 사무엘 앞에 설 때에 하나님께서 사무엘에게 무엇이라고 말씀하셨습니까?(12절)

❼ 사무엘은 이새의 가족들이 보는 앞에서 뿔병의 기름을 다윗에게 부었습니다. 그때 다윗에게 나타난 현상은 무엇입니까?(13절)

* 뿔병(13절): 뿔 모양의 병을 말한다.

더 깊은 연구와 묵상을 위하여

❶ 감정은 하나님의 일을 하는데 좋은 재료가 될 수도 있지만 동시에 방해물도 될 수 있습니다. 여러분은 인간적인 감정 때문에 하나님의 일을 지연시키고 있지는 않습니까? 혹시 사무엘처럼 마냥 슬퍼만하고 있지는 않습니까?

❷ 사무엘은 여전히 세상적인 조건(용모와 키)을 중요시했습니다. 하지만 하나님은 하나님을 의지하고 사랑하는지를 보십니다. 여러분은 하나님만을 의지하고 사랑합니까?

적용을 위한 글

하나님은 불순종과 불신앙으로 하나님 나라의 일을 망쳐나가는 사울 왕을 버리셨다. 그리고 그 일을 다시 시작할 새로운 사람을 세우셨다. 하나님은 슬픔 속에 잠자던 사무엘을 깨우셨고, 다시 하나님의 명령을 실행하는 일꾼으로 일하게 하셨다. 또한 하나님은 다윗을 택하사 새로운 왕으로 세우셨다. 막내였던 다윗은 비록 어리고 경험도 부족했지만, 하나님께서는 하나님만을 사랑하고 의지하는 다윗의 중심을 보신 것이다. 특별히 하나님은 하나님의 영을 다윗에게 부으셨다. 다윗 스스로의 힘으로는 하나님 나라의 일을 감당할 수 없다는 것을 알고 계셨기 때문이다. 그렇다! 하나님 나라의 일은 스스로의 힘만으로 되는 것이 아니라 하나님께서 함께하시고 하나님의 영을 부어주실 때만 가능한 것이다. 결국 자신의 외모만 믿고 군사력만 의지했던 사울 왕은 버림을 받았지만, 자신을 의지하지 않고 하나님만을 사랑하며 의지했던 다윗은 쓰임을 받았다.

적용 및 결단을 위한 질문

❶ 하나님은 우리 인생의 문제를 해결하고 인도해주실 수 있는 좋은 목자이십니다. 요즘 여러분의 문제는 무엇입니까? 여러분은 그 문제를 하나님께 맡기고 있습니까?

❷ 하나님은 하나님만을 사랑하고 의지하는 다윗을 택하사 기름 부으시고 성령이 충만하게 하셨습니다. 나이, 경험, 외모는 문제되지 않습니다. 여러분은 하나님의 일을 감당할 때 무엇이 가장 중요하다고 생각합니까?

02 성령의 수금

본문 사무엘상 16:14-23

외울말씀 다윗이 수금을 들고 와서 손으로 탄즉 사울이 상쾌하여 낫고 악령이 그에게서 떠나더라 (23절b)

도입을 위한 글

요즘은 아침마다 눈을 뜨면 이렇게 선포한다. “제 인생은 주님의 손안에 있습니다. 오늘 제가 주님을 가리키는 표지판이 되게 해주세요. 최선을 다해 주님께 협력하기로 다짐합니다. 주님을 위해 한마디 하라고 하시면 그렇게 하겠습니다. 조용한 가운데 사랑과 섬김을 드러내라고 하시면 성령의 능력 안에서 그렇게 하겠습니다. 당신의 영으로 저를 이끌어 주소서.” 나의 임무는 이것이다. 그저 성령이 걸으라 하시면 걷고, 말조심해야 할 때는 입에 자물쇠를 채우는 것이다. 성령의 일용할 이끄심에 잘 협력한 날이면 나는 발을 쭉 뻗고 어린아이처럼 단잠에 빠진다. 평범한 일상 속에서 하나님의 초자연적인 능력을 목격하는 기분이란 이루 설명할 수 없다. 성경은 그런 삶이야말로 진정한 삶이라고 말한다. 매 순간을 성령과 함께 걸어가는 삶 말이다.

—빌 하이벨스, 「사랑하면 전도합니다」

복제불허 © 프리셉트

도입을 위한 질문

❶ 최근 여러분과 성령과의 관계는 어떻습니까?

❷ 요즘 미래를 위해서 준비하는 일이 있다면 무엇입니까?

본문 질문

❶ 사울 왕의 영적 상태는 심각했습니다. 사울 왕에게서 무엇이 떠나가고, 그가 무엇의 지배를 받고 있었기 때문입니까?(14절)

* 하나님의 영은 사람들에게 용기, 권능, 통찰력, 지혜, 확신과 같은 긍정적인 영향력을 주신다. 하지만 어떤 이들에게는 그런 긍정적인 영향력이 오히려 부정적으로 받아들여 질 수도 있다. 사울 왕은 이미 하나님의 영을 소유했지만(삼상 10:6, 11:6), 계속적인 불순종으로 인해 더 이상 하나님의 영의 지배를 받을 수 없었다.

❷ 사울 왕은 악령으로 인한 번뇌를 해결하기 위해 어떤 해결책을 마련했습니까?(15–17절)

❸ 다윗은 기름 부음을 받았지만 여전히 목동 생활을 해야 했습니다. 다윗은 하나님의 때를 기다리며 준비했습니다. 성령에 의해 개발된 다윗의 능력은 무엇이었습니까?(18절)

* 비록 목동이었지만 사울의 측근이었던 소년 중 한 사람을 알고 있을 정도로 대인관계의 능력이 있었으며, 개인의 능력과 하나님과의 관계에 있어서도 균형이 잡혀 있었다.

❹ 다윗은 인생의 중대한 전환기를 맞이했습니다. 하나님은 장차 왕이 될 다윗을 어디로 인도하셨습니까?(19-20절)

❺ 다윗은 새로운 삶의 환경에서도 잘 적응해 나갔습니다. 다윗은 사울 왕을 잘 모셨으며, 그로 인해 사울 왕은 다윗을 어떻게 대해주었습니까?(21절)

❻ 사울 왕은 여전히 자기중심적인 사람이었습니다. 사울 왕은 어떤 결정을 할 때 누구를 중심으로 결정했는지 다음의 말씀들을 통해 정리해보십시오.

17절	

19절	
23절	

❼ 여호와의 영에 크게 감동되어 있었던(13절) 다윗의 수금 연주와 찬송은 사울 왕에게 어떤 영향력을 발휘했습니까?(23절)

더 깊은 연구와 묵상을 위하여

❶ 하나님의 통치 아래에서는 하나님의 나라와 사탄의 활동이 공존합니다. 이것을 '이원론적 일원론'이라고 합니다. 하나님의 성령을 받지 않은 사람들 안에는 악한 영들이 역사합니다. 여러분은 어떤 영의 지배를 받고 있습니까?

❷ 성령의 지배를 받은 다윗은 하나님과 사람과의 관계, 그리고 자신의 능력 개발 등에 있어서 탁월한 진보가 있었습니다. 여러분은 성령과 함께 모든 일을 하고 있습니까?

적용을 위한 글

하나님을 떠난 사람은 하나님의 영의 지배를 받지 않는 사람이다. 그리고 하나님의 영이 없는 곳에는 악령만 존재할 뿐이다. 하나님께 불순종하고, 하나님을 신뢰하지 않았던 사울 왕의 심령에는 악령만 가득했다. 어쩌면 그것은 당연한 결과였는지 모른다. 이러한 그의 모습은 하나님으로부터 외면당하고 버림당하는 것이 얼마나 고통스러운 것인지를 보여준다. 반면, 다윗에게서는 하나님의 영의 지배를 받고 미래를 차분하게 준비해 나가는 모습을 볼 수 있다. 비록 기름 부음의 결과가 현실로 나타나 보여지지 않는다 할지라도, 다윗은 냄새나고 고단한 광야에 머물면서 최선을 다해 살아갔다. 우리는 때로 하늘 나라라는 비전과 세상이라는 현실 사이의 괴리감 때문에 괴로워하기도 한다. 하지만 우리는 비전에 대한 소망으로 세상과 환경을 이겨나가야 할 것이다.

적용 및 결단을 위한 질문

❶ 여러분의 주변에도 번뇌하는 사람이 있습니까? 여러분은 그 사람을 위해 무엇을 할 수 있습니까?

❷ 여러분의 삶에는 자신의 주변을 치료하는 다윗의 수금과 같은 능력이 있습니까, 아니면 주변 사람들을 근심하게 하고 혼란스럽게 만들고 있습니까?

 복제불허 ⓒ 프리셉트

03 골리앗 앞에서

| **본문** 사무엘상 17:1-11

| **외울말씀** 사울과 온 이스라엘이 블레셋 사람의 이 말을 듣고 놀라 크게 두려워하니라 (11절)

도입을 위한 글

그리스도인의 성숙이라는 것은, 전혀 침체를 겪지 않는다는 것을 의미하지는 않는다. 그리스도인으로 성숙한다는 것은 우리의 감정 기복을 다루는 법을 배우는 것이다. 우리가 취약할 때 적이 자주 공격한다는 것을 기억해야 한다. 우리는 그때 자신을 격려하는 법과 서로를 격려하는 법을 배울 필요가 있다. 우리는 항상 영적 레이더를 양 방향(하나님을 향해서 그리고 우리의 적을 향해서)으로 가동시켜야 한다. 우리는 매 순간 하나님께 주목해야 하며 더불어 두려움 없이 우리의 적, 세상 권세의 움직임에도 주시해야 한다.

도입을 위한 질문

❶ 영적 레이더(radar)를 가동시킨다는 것은 무엇을 의미합니까?

❷ 여러분을 항상 두렵게 만드는 존재가 있습니까?

본문 질문

❶ 믹마스 전투(14:31)에서 크게 패했던 블레셋은 전보다 더 강력한 군대를 모아 이스라엘로 진격했습니다(1절). 사울 왕과 백성들은 블레셋에 대해 어떻게 반응했습니까?(2-3절)

* 엘라 골짜기를 중간에 두고 양쪽 진영이 서로 대치해있는 상황이었다.

❷ 블레셋 진영에서 나온 "싸움을 돋우는 자"의 이름은 무엇이며, 그의 키는 얼마였습니까?(4절)

* 여섯 규빗 한 뼘(4절): 1규빗을 45.6cm로 할 때, 2.9-3m 정도 되는 키이다.

❸ 블레셋의 "싸움을 돋우는 자"는 어떤 무기들로 무장하고 있었습니까?(5-7절) 머리, 몸, 다리, 어깨로 나눠서 자세히 살펴보십시오.

* 골리앗의 투구는 블레셋의 전형적인 깃털 장식 투구였다. 갑옷은 이집트 양식의 청동갑옷이었으며, 무릎까지 보호했다. 놋 단창은 날카로운 날이 바깥쪽에 있었으며, 납작한 모양이었다. 창은 투창 형식이었으며, 창끝은 철로 되어 있었다. 방패는 골리앗을 위해 특수 제작된 것으로 세워놓는 것이었고, 방패를 들고 보좌하는 군병이 따로 있었다.

❹ 골리앗이 이스라엘 군대를 향해 비아냥거리며 했던 질문 두 가지는 무엇입니까?(8절)

* 전열(8절): 전쟁에 참가하는 부대의 대열을 뜻한다.

❺ 골리앗이 자신과 겨룰 사람을 내보내라고 소리치면서 제안한 것은 무엇입니까?(9절)

* 고대 근동에서는 종종 용사 한 명이 군대의 대표로 여겨졌으며, 그 대표 용사로 말미암아 각자의 신의 뜻이 표현되어 졌다. 즉, 두 용사 간의 싸움은 두 족속 간의 싸움인 동시에 부족신 간의 싸움이었다.

❻ 이스라엘의 군대는 골리앗의 모욕적인 말을 듣고 있어야만 했습니다. 골리앗의 모욕적인 말을 듣고 있었던 온 이스라엘의 마음은 어떠했습니까?(11절)

❼ 골리앗에 대항하여 싸우는 일은 왕의 일이었습니다. 그때 사울 왕은 무엇을 하고 있었습니까?(11절)

더 깊은 연구와 묵상을 위하여

❶ 여러분은 골리앗처럼 여러분 자신의 신체조건, 능력, 가진 것들을 의지하면서 함부로 다른 사람들을 무시하고 있지는 않습니까?

❷ 하나님을 의지하지 않는 사람은 자신보다 뛰어난 적이 나타나면 무력해합니다. 혹시 요즘 무력감을 느끼고 있지는 않습니까? 여러분은 항상 하나님을 의지하고 있습니까?

적용을 위한 글

물러서지 않고 끊임없이 이스라엘을 괴롭혔던 블레셋처럼 사탄의 세력은 지금도 호시탐탐 하나님 나라의 백성들을 공격해오고 있다. 우리는 이러한 사탄의 공격에 항상 대비해야 한다. 사울 왕은 과거의 승리에만 도취되어 블레셋에 대한 경계를 늦추고 대비하지 않았다. 그래서 갑작스럽게 다가온 블레셋의 공격 앞에서 어찌할 바를 몰랐다. 하나님과 하나님의 백성, 이스라엘을 모욕하는 골리앗 앞에서도 속수무책이었다. 만약 사울 왕이 그 순간 하나님을 의지했더라면 두려움 대신 용기를 낼 수 있었을 것이다. 하지만 사울 왕은 더 이상 하나님을 의지하지 않았다. 그리하여 그는 용모와 신장, 용기에 있어서 결코 골리앗에 뒤지지 않음에도 불구하고 의기소침해지고 두려움에 사로잡혀 버렸다.

적용 및 결단을 위한 질문

❶ 여러분은 영적 전쟁을 위해 날마다 무엇을 준비하며 무장하고 있습니까?

❷ 여러분은 골리앗 앞의 사울 왕과 이스라엘 백성들처럼 여러분보다 높은 지위와 강한 능력을 가진 세상 앞에서 두려워하며 떨고 있지는 않습니까?

04 전쟁터로 간 이유

본문 사무엘상 17:12-30

외울말씀 다윗이 이르되 내가 무엇을 하였나이까 어찌 이유가 없으리이까 하고 (29절)

도입을 위한 글

트레시 리보라는 여인은 팔이 없는 기형아로 이 세상에 태어났다. 그러나 그것으로 인해 그녀는 절망하지 않았다. 그녀는 글을 쓰고, 차를 운전하며, 음식을 먹고, 피아노를 치는 등 모든 활동을 팔 대신 발로 하는 방법을 배웠다. 신체적 장애로 인해 고통스러운 상황이었지만, 그녀는 고통스러워하지 않았다. 그녀는 "나는 내가 처한 모든 상황에서 하나님의 위대하신 섭리를 발견하려고 노력합니다"라고 말하며 오히려 하나님께 찬미와 영광을 드렸다. 역경은 우리를 고통스럽게 하지만, 그 역경을 통해 우리는 그리스도의 모습에 더욱 가깝게 다가간다. 모든 것을 내어맡기며 신뢰할 수 있는 상태로, 또 겸손한 모습으로 나서게 함으로써 역경은 우리를 단단하게 만든다. 다시 한 번 우리의 믿음을 살펴보기 바란다. "주님, 어려움이 앞에 놓였을 때 주님을 바라보며 이겨낼 수 있게 하소서."

–김장환, 「큐티 365」

도입을 위한 질문

❶ 그동안 살아온 나날 중에 역경이 오히려 기회가 된 적이 있습니까?

❷ 하나님께서 여러분에게 주신 비전은 무엇입니까? 여러분은 그 비전을 위해서 무엇을 준비하고 있습니까?

본문 질문

❶ 이스라엘 진영은 시간이 점점 흐르자 군량미가 떨어지게 되었습니다. 이새는 다윗에게 어떤 심부름을 시켰습니까?(17–19절)

❷ 다윗은 아버지의 명령에 어떻게 반응했으며, 자신이 돌보던 양들은 어떻게 처리했습니까?(20절)

* 3명의 형들이 전쟁터에 나가 있을 때에도 다윗은 자신이 맡은 일(사울에게로 왕래하는 일, 양치는 일)을 충성스럽게 하고 있었다(15절). 이처럼 우리 삶의 영역에서 하나님이 맡기신 작은 일들에 최선을 다하는 것이 중요하다.

❸ 다윗이 전장에 도착했을 때까지도 골리앗은 40일 동안 아침과 저녁으로 자신의 힘과 능력을 과시하며 기세등등해 있었습니다(16절). 하지만 이스라엘 사람들은 두려워하고만 있었습니다. 심지어 그들은 어떤 행동까지 했습니까?(24절)

❹ 사울 왕이 이스라엘 군사들을 독려하기 위해 걸었던 3가지 상급은 무엇입니까?(25절)

❺ 다윗은 골리앗을 영적인 눈으로 해석했습니다. 다윗은 골리앗을 누구라고 생각했으며, 골리앗이 하고 있는 일은 하나님에 대한 무엇이라고 생각했습니까?(26절)

* 할례 받지 않은(26절): 하나님과 언약적 관계가 성립되지 않은, 하나님 없이 산다는 뜻이다.

❻ 다윗은 자신이 골리앗을 죽이겠다고 했습니다(26절). 하지만 맏형 엘리압은 이런 다윗의 태도에 대해 어떤 반응을 보였습니까?(28–29절)

* 엘리압은 이새와 마찬가지로 다윗을 한낱 목동으로밖에 취급하지 않았다. “들에 있는 양들을 누구에게 맡겼느냐”(28절)는 질문은 가서 양이나 돌보라는 비아냥거림이었다.

❼ 다윗은 골리앗과의 대면에서 알 수 없는 미묘함을 느꼈습니다. 자신이 전쟁터로 나온 것이 무엇이 있기 때문이라고 말했습니까?(29절)

* 다윗은 하나님의 인도하심을 믿었던 사람이다. 자신을 궁궐과 전쟁터로 인도하신 매일매일의 삶이 하나님의 뜻임을 믿었다.

더 깊은 연구와 묵상을 위하여

❶ 이스라엘은 40일 동안 매일 골리앗을 보면서 그 기세에 완전히 눌려 있었습니다. 요즘 여러분이 자주 보고 듣는 것이 무엇인지 점검해보십시오.

❷ 여러분이 신앙생활을 열심히 하는 동기는 무엇입니까? 혹 사울이 3가지 상급으로 군사들을 독려하려고 했던 것처럼, 여러분도 세상적인 상급 때문에 열심을 내고 있지는 않습니까?

적용을 위한 글

하나님은 다윗에게 기름을 부어 왕으로 세우셨지만, 당장 왕이 되게 하시지는 않았다. 사울의 종이 되어 섬기게 하셨고, 아버지 밑에서 양도 계속 치게 하셨다. 이 과정을 통해 하나님은 다윗을 순종의 사람으로 만들어가셨다. 그리고 때가 되자 하나님은 서서히 역사의 전면으로 다윗을 나서게 하셨다. 하나님은 골리앗을 40일 동안 등장시켜 이스라엘을 완전히 무력화시켰다. 이스라엘을 완전한 절망에 빠지게 하신 것이다. 그리고 다윗의 순종과 용맹과 믿음을 드러낼 수 있는 절호의 기회를 제공해주시려고 다윗을 전장으로 보내고 골리앗을 만나게 하셨다. 사람들은 다윗에게 사울 왕의 상급을 받을 수 있는 기회라고 독려했고, 다윗의 형은 건방지게 나서지 말라고 방해했다. 하지만 다윗은 모든 것을 영적인 시각으로 바라보고 하나님의 뜻을 분별하며 한걸음 한걸음 골리앗에게로 나아갔다.

적용 및 결단을 위한 질문

❶ 여러분은 다윗처럼 삶의 장애물을 영적인 시각으로 해석하고 바라보고 있습니까?

❷ 요즘 하나님의 일을 감당함에 있어서 용감하게 나서야 하는데 주춤거리는 일은 없습니까? 반대로 기다려야 하는데 나서는 일은 없습니까?

05 전쟁은 여호와께 속한 것

본문 사무엘상 17:31-49

외울말씀 또 여호와의 구원하심이 칼과 창에 있지 아니함을 이 무리에게 알게 하리라 전쟁은 여호와께 속한 것인즉 그가 너희를 우리 손에 넘기시리라 (47절)

도입을 위한 글

옛날의 전쟁에서는 활이 중요한 무기였다. 아버지로부터 활쏘기를 배우려는 아들이 있었다. 아들은 웬만한 힘으로는 시위를 당기기는커녕 들기조차 힘든 활을 잡고 애를 썼다. 아버지는 아들의 뒤에서 활과 시위를 잡고 자상하게 가르쳤다. "얘야, 먼저 왼손으로 활을 잡고, 오른손은 시위를 꼭 쥔 다음 힘껏 뒤로 당겼다가 놓아야 한다." 아들은 시위를 힘껏 당겼다가 놓았다. 화살은 순식간에 날아갔다. 아들은 멋있게 날아가는 화살을 보며 감격했다. 하지만 이때 활을 쏜 것은 아들이 아니라 아버지였다. 아버지의 양손이 아들의 두 손을 꼭 붙든 채 힘을 주었기 때문이다. 우리의 뒤에는 하나님 아버지가 계신다. 하나님은 화살보다, 이 세상 어떤 무기보다 힘있는 우리의 기도를 들으시고 응답하신다. 성령은 말할 수 없는 탄식으로 우리를 위하여 친히 간구하신다. 우리를 도우려고 말이다(롬 8:26).

—강홍복, 국민일보「겨자씨」

도입을 위한 질문

❶ 요즘 여러분에게 골리앗처럼 느껴지는 문제들은 무엇입니까?

❷ 여러분은 그 골리앗과 같은 문제 앞에서 어떻게 반응하고 있습니까?

본문 질문

❶ 다윗은 궁궐이 아닌 전장에서 사울 왕을 다시 만나게 되었습니다(31절). 다윗은 사울 왕에게 무엇이라고 말했습니까?(32절)

❷ 사울 왕은 소년인 다윗이 용사 골리앗을 이길 수 없다고 했습니다(33절). 하지만 다윗은 자신이 사자와 곰을 물리쳤던 이야기를 하면서 승리는 누구로부터 오는 것이라고 했습니까?(34-37절)

* 사자와 곰(36절): 베들레헴 주변의 동굴과 숲속에서 서식했었다. 이는 고고학 연구 결과 입증된 것이다.

복제불허 © 프리셉트

❸ 다윗은 골리앗과 싸우러 나갈 때에 사울 왕이 준 보호 장구와 철 무기 대신 무엇을 가져갔습니까?(40절)

* 물매(40절): 목자의 무기였으며, 전쟁에서도 쓰였다. 노련한 사람들은 시속 160km까지 던질 수 있었으며, 효과적인 거리는 90m 정도 되었다. 머리 위로 빙빙 돌리다가 한쪽 끝을 놓는 방식이었다.

❹ 골리앗은 자신과 싸우러 나온 다윗을 업신여기면서 무엇이라고 말했습니까?(42-44절)

* 다윗의 사기를 떨어뜨리고 위협하기 위함이었다.

❺ 다윗은 골리앗의 비아냥거림에도 불구하고 하나님으로 인한 승리를 확신하며 나아갔습니다. 다윗은 그 승리를 통해 온 땅과 무리가 무엇을 알게 될 것이라고 했습니까?(45-47절)

* 다윗은 하나님을 만군(萬軍)의 여호와로 인식하고 있었다.

❻ 하나님 나라의 전쟁은 누구에게 속한 것입니까?(47절)

❼ 당시 최강의 무기로 무장한 골리앗은 어떻게 죽임을 당했습니까?(49절)

* 물매에서 날아간 돌은 골리앗의 머리 급소를 때려 골리앗의 의식을 잃게 만들었다.

더 깊은 연구와 묵상을 위하여

❶ 사울 왕은 골리앗의 외적인 면만을 보고 두려워했습니다. 마찬가지로 다윗의 신분, 나이, 힘, 무기, 경험만을 보면서 다윗을 무시했습니다. 다른 사람들을 평가하는 여러분의 기준은 무엇입니까?

❷ 다윗은 승리를 가져다주는 것이 최신 무기가 아니라 하나님이라는 사실을 알고 있었습니다. 요즘 여러분은 하나님만을 의지하고 있습니까, 아니면 내 삶의 안전을 보장받기 위해 다른 것들을 의지하고 있습니까?

적용을 위한 글

사울 왕은 다윗의 나이, 힘, 무기, 경험 등 외적인 면만을 고려해 골리앗을 이길 수 없다고 판단했다. 하지만 다윗은 자신이 골리앗을 이길 수 있다고 했다. 왜냐하면 과거에도 자신에게 승리를 주셨던 하나님께서 함께하고 계심을 믿었기 때문이다. 사자와 곰의 발톱에서 건져내신 하나님이 블레셋 사람의 손에서도 건져내시리라는 다윗의 고백은 믿음의 고백이었다. 그는 전쟁이 하나님께 속한 것임을 알고 있었다. 이처럼 하나님의 백성들은 전적으로 하나님만을 의지하는 사람이 되어야 한다. 삶의 안전을 보장해주는 것은 돈도 아니고 명예나 자리도 아니요, 사람도 아니다. 우리 삶의 안전을 책임져주시는 분은 오직 하나님이시다. 다윗의 가장 큰 장점은, 바로 이러한 하나님의 보호하심을 인정하고 하나님만을 의지했던 것이다.

적용 및 결단을 위한 질문

❶ 여러분은 다윗처럼 과거의 모든 것이 하나님의 도우심으로 말미암았다고 고백하고 있습니까?

❷ 다윗의 승리는 하나님의 살아계심과 구원하심을 세상 가운데 증거했습니다. 여러분은 악에게 승리함으로 세상에 하나님을 증거하고 있습니까?

06 전쟁의 역전, 인생의 역전

본문 사무엘상 17:50-58

외울말씀 다윗이 달려가서 블레셋 사람을 밟고 그의 칼을 그 칼 집에서 빼내어 그 칼로 그를 죽이고 그의 머리를 베니 블레셋 사람들이 자기 용사의 죽음을 보고 도망하는 지라 (51절)

도입을 위한 글

'의심의 성'이라 불리는 성이 있었다. 그 성의 주인은 '절망'이라는 거인이었다. '절망'은 '그리스도인'을 찾아내어 어두운 토굴에 감금시키고 수요일부터 토요일까지 아무것도 주지 않았다. 목요일 아침에는 '그리스도인'을 움직일 수 없을 정도로 흠씬 두들겨 때리고, 그 다음날 아침에는 여기서 차라리 자살하는게 낫다고 하면서 자신이 죽였던 사람들의 해골을 보여주었다. '그리스도인'은 울부짖었다. "내 영혼은 이미 삶보다 죽음을 택하는 쪽으로 기울고 있어." 그 순간 옆에 있던 '희망'이 그를 위로하고 용기를 주었다. 토요일 밤이 깊어지자, 그들은 다음날 아침이 밝을 때까지 기도했다. 기도를 마친 '그리스도인'이 달라졌다. "이런 토굴에 갇혀 있다니 얼마나 바보 같은가! 나에겐 '약속'이라는 열쇠가 있지 않은가?" 하면서 곧 그 열쇠로 토굴 문을 열었다. 문은 너무나 쉽게 열렸다. '그리스도인'과 '희망'은 의심의 성 밖으로 걸어 나와 왕궁을 향하는 큰길로 들어섰다.

–존 번연, 「천로역정」

도입을 위한 질문

❶ 최근에 '절망'이라는 거인에 사로잡혀 고통을 당한 적이 있습니까?

❷ 우리가 절망으로부터 자유롭게 되기 위해서는 어떻게 해야 한다고 생각합니까?

본문 질문

❶ 골리앗은 엎드러지기는 했으나 죽지는 않았습니다. 다윗은 완전한 승리를 위해서 어떻게 합니까?(51절)

❷ 골리앗의 머리가 베어지자 전세가 완전히 뒤집어졌습니다. 블레셋 군사들은 어떻게 되었습니까?(51절b)

❸ 다윗의 승리는 한 개인의 승리가 아닌 이스라엘의 승리였습니다. 승리를 확신한 이스라엘 백성들은 어떻게 했습니까?(52–53절)

* 다윗의 승리는 이스라엘 공동체 전체에 영향을 미쳤다. 하나님 나라에서도 한 개인의 승패는 곧 하나님 나라의 승패임을 깨달아야 한다.

❹ 멋지게 승리한 다윗이 가지고 돌아온 전리품은 무엇이었습니까?(54절)

* 전리품(戰利品, 54절): 전쟁에서 승리한 후에 적에게서 빼앗은 물품을 말한다.

❺ 사울 왕과 군사령관 아브넬은 다윗을 잘 알고 있었습니까?(55절)

* 사무엘상 16:14–23에서 다윗은 이미 사울 왕 앞에서 수금을 연주했었다. 하지만 그때에는 주목받지 못했다.

❻ 이제 소년 목동 다윗은 한 나라의 왕과 군사령관의 주목을 받는 존재가 되었습니다. 사울 왕은 군사령관 아브넬에게 어떤 지시를 내렸습니까?(56–57절)

❼ 다윗이 골리앗의 머리를 손에 들고 사울 왕 앞으로 가자, 사울 왕은 "소년이여 누구의 아들이냐"라는 질문을 했습니다. 다윗은 어떻게 대답했습니까?(58절)

* 다윗은 자신이 이스라엘의 새 왕으로 기름 부음을 받았다는 것을 알고 있었지만, 지금은 사울이 왕이라는 사실을 철저하게 인정하고 복종하는 겸손의 사람이었다.

더 깊은 연구와 묵상을 위하여

❶ 골리앗의 공포에서 해방된 이스라엘 군사들은 용사로 변했습니다. 혹시 여러분은 아직도 사탄이 주는 공포에 묶여 있지는 않습니까?

❷ 하나님은 필요하시면 우리를 공동체 안에서 영향력이 있는 사람이 되게 하십니다. 여러분은 어떤 준비를 하고 있습니까?

적용을 위한 글

사탄은 항상 우리에게 공포나 두려움을 주며, 우리가 그 자리에 머물러있기를 바란다. 그래서 힘있게 하나님 나라를 확장하며 나아가야 할 주님의 일꾼들이 두려움의 포로가 되어있는 경우를 종종 보게 된다. 하지만 골리앗을 죽인 다윗처럼 예수님은 사탄의 권세를 이기셨다. 그러므로 우리는 이제 더 이상 사탄이 주는 공포의 포로가 되어서는 안 된다. 우리는 적진 깊이까지 들어가 사탄의 권세를 파하는 그리스도의 군사가 되어야 한다. 그리고 다윗처럼 믿음의 싸움 후에 얻어지는 전리품들을 자랑스럽게 취할 수 있어야 한다. 한편, 다윗은 사울 왕의 주목을 받게 되었다. 다윗은 이전에도 사울 왕을 본 적이 있지만, 사울 왕이 잘 기억하지 못할 정도로 특별한 관심을 끌지는 못했다. 그러나 이제는 달라졌고, 그는 여전히 겸손한 자세를 유지했다. 다윗처럼 하나님만을 의지하는 자는 결코 교만하지 않는다. 그리하여 늘 하나님께 순종하듯이 순종해야 할 사람에게 순종한다.

적용 및 결단을 위한 질문

❶ 여러분의 삶에는 믿음의 싸움으로 얻은 전리품들이 넘쳐나고 있습니까?

❷ 다윗은 자신의 멋진 승리에도 불구하고 여전히 권위자 앞에서 겸손했습니다. 여러분이 더욱 머리 숙여 겸손하게 섬겨야 할 권위자는 누구입니까?

07 사랑과 질투

| 본문 사무엘상 18:1-16

| 외울말씀 사울이 그 말에 불쾌하여 심히 노하여 이르되 다윗에게는 만만을 돌리고 내게는 천천만 돌리니 그가 더 얻을 것이 나라 말고 무엇이냐 하고 (8절)

도입을 위한 글

시기심은 최악의 감정이다. 시기심은 당사자는 물론, 그가 사랑하는 사람들까지 불행하게 만든다. 시기심은 인간을 공허하고 비참하게 만든다. '내가 갖지 못한 것이 나를 행복하게 만들 것이란 욕심'인 시기심은 단순한 욕망이 아니다. 욕망은 목표와 직업, 친구와 기회 등을 추구하게 만들기 때문에 좋은 것일 수도 있다. 욕망을 성취하면 대부분의 사람은 평화와 만족감을 누린다. 그러나 시기심은 그렇지 못하다. 승진하고 돈을 벌어도, 좋은 사람을 만나도 시기심이 강한 사람은 그것으로 만족하지 못한다. 아무리 성취해도 행복하지 못하기 때문에 또 다른 것을 욕심낸다. 심지어 누군가가 불행해져야 행복을 느끼기도 한다. 그러므로 시기심으로 가득 찬 골칫덩이는 언제나 불만스럽다. 그러나 그 불만이 자기에게서 비롯된 문제라는 사실을 인식하지 못한다.

—존 타운센드, 「골칫덩이 내 편 만들기」

도입을 위한 질문

❶ 여러분은 주로 어떤 사람들에게서 시기와 질투를 느낍니까?

❷ 여러분은 그 시기와 질투를 어떻게 해결합니까?

본문 질문

❶ 다윗은 요나단의 최고의 경쟁자였습니다. 하지만 요나단은 오히려 다윗을 사랑했습니다. 다윗을 향한 요나단의 사랑의 깊이는 어떠했습니까?(1, 3절)

❷ 요나단이 다윗을 진정한 용사로 인정하면서 존경의 표시로 그에게 준 것은 무엇입니까?(4절)

* 겉옷(4절): 왕세자가 입었던 특별한 겉옷을 말한다. 요나단은 자신의 겉옷을 벗어줌으로 차기왕으로서의 권리를 포기했다. 군복과 활을 준 것은 다윗에 대한 충성과 복종을 표현한 것이다.

복제불허 © 프리셉트

❸ 다윗은 사울이 보내는 곳마다 가서 지혜롭게 행동했습니다. 그 결과 다윗의 주변 사람들은 다윗을 어떻게 여겼습니까?(5, 15-16절)

* 군대의 장(5절): 전문적인 군인들로 구성된 상비군을 이끄는 행정직 군인이다. 야전군과는 다르다.

❹ 백성들은 승승장구하는 다윗에 대해 "사울이 죽인 자는 천천이요 다윗은 만만이로다"(7절)라는 찬사를 보냈습니다. 사울은 이에 대해 어떻게 반응했습니까?(8절)

* 천천과 만만은 수치상의 비교가 아니다. 천천과 만만은 모두 큰 수를 나타내는 것일 뿐이다. 사울 왕이 불쾌하게 생각한 것은 자신과 다윗이 동일 선상에 올려졌다는 것 자체였다.

❺ 사울 왕은 마음의 불쾌함과 분노를 해결할 수 없었습니다. 결국 그것들은 무엇으로 발전하게 되었습니까?(9-10절)

* 다윗을 주목했다는 것은 경쟁의 대상에 집착했다는 것이다.
* 하나님께서 부리시는 악령(10절): 하나님께서 악령의 활동을 허용하셨다는 의미이다. 사울 왕이 계속적으로 욕심과 사악한 마음으로 반응하자, 하나님께서도 그 마음 그대로 허용해 버리셨다는 뜻이다.

❻ 사울은 다윗을 두 번이나 죽이려 했지만, 다윗은 죽지 않았습니다(10–11절). 누가 지켜주셨기 때문입니까?(12절)

❼ 다윗을 죽이지 못한 사울 왕은 다윗을 야전사령관으로 임명하고 전쟁터에 배치했습니다. 하지만 다윗은 이런 모든 일을 어떻게 대처했습니까?(14절)

더 깊은 연구와 묵상을 위하여

❶ 사울 왕은 하나님보다 자신의 능력을 발휘되고 그것이 다른 사람들에게 인정되는 것을 더 좋아했습니다. 사람들의 인정에서 삶의 목표와 보람을 찾았습니다. 혹시 여러분도 사울과 같지는 않습니까?

❷ 시기와 질투심같이 좋지 않은 감정을 마음의 집에 계속 머무르게 하면, 그 감정은 곧 포악한 왕으로 군림하게 됩니다. 좋지 않은 마음들을 여러분 마음속에서 없애버리는 특별한 방법이 있습니까?

적용을 위한 글

요나단은 다윗을 자기 생명과 같이 사랑했다. 그래서 언약을 맺고 자기 겉옷과 군복과 무기를 내어주었다. 이처럼 자기 희생이 따를 때 진정한 사랑이라고 할 수 있다. 하나님도 우리를 사랑하실 때 자기를 희생하시는 사랑을 보여주셨다. 반면, 사울의 사랑은 진정한 사랑이 아니었다. 사울도 처음에는 다윗을 크게 사랑했다(16:21). 그러나 자기 이익과 관련된 문제가 생기자 사랑이 곧 시기와 질투로 돌변했다. 세상적 가치관을 가진 사울은 모든 사람이 경쟁의 대상이었다. 자신의 경쟁자 다윗이 자신을 이기는 것을 용납하지 못한 것이다. 결국 사울은 자신 안에 있는 시기와 질투의 문제를 해결하지 못한 채, 점점 감정의 포로가 되어 갔다. 한편 다윗은 늘 하나님과 함께했고, 가는 곳마다 지혜롭게 행동하며 많은 이들의 사랑을 받았다.

적용 및 결단을 위한 질문

❶ 자기를 희생해서 생명까지 내어주는 사랑이 진정한 사랑입니다. 여러분은 그렇게 사랑하고 있습니까?

❷ 혹시 나만 존경받고 사랑받길 원하는 마음 때문에, 다른 사람이 존경받고 사랑받는 것을 참지 못하지는 않습니까?

08 다윗의 대적

본문 사무엘상 18:17-30

외울말씀 사울이 다윗을 더욱더욱 두려워하여 평생에 다윗의 대적이 되니라 (29절)

도입을 위한 글

1983년 봄, 지역 어르신들을 위해 노인학교를 시작했다. 매주 월요일, 차량으로 노인들을 모셔와 예배드리고 교양 강좌를 했다. 여전도회에서는 점심 식사를 정성껏 대접했다. 낙후된 지역의 어르신들에게는 큰 기쁨과 기다림이었다. 그러던 어느 날, 차량 운행 중 한 어르신이 다쳐 곧바로 입원시켜 치료해 드렸다. 평소 가족들은 그 어르신에 대해 관심도 없었고 귀하게 여기지도 않았다. 하지만 막상 다치게 되자 그동안 나타나지 않았던 가족들이 보상을 요구했다. 돌보는 데에는 소극적이면서 보상받는 데에는 적극적인 모습을 보인 것이다. 때때로 자신의 이익을 위해 다른 사람의 환경과 약점을 이용하는 사람들을 보게 된다. 이웃의 어려운 환경과 약점이 보여도 형제처럼 사랑으로 직언(直言)하고 협력하자. -권태진, 국민일보「겨자씨」

도입을 위한 질문

❶ 다른 사람의 약점과 환경을 이용하는 사람을 여러분 주변에서 본 적이 있습니까?

❷ 혹시 여러분이 이용당해 본 적은 없습니까? 이용당했을 때에 기분은 어떠했습니까?

본문 질문

❶ 사울 왕은 다윗을 죽이기 위해 하나님과 자신의 딸을 내세웠습니다. 블레셋과의 전투를 누구의 싸움이라고 했으며, 전투에서 승리하면 누구를 다윗에게 준다고 했습니까?(17절)

* 여호와의 싸움이라는 명분은 그럴 듯 했지만, 불의한 의도가 숨겨져 있는 술책이었다. 사울은 여호와의 싸움이면 다윗이 기꺼이 참전할 것이라고 생각했다.

❷ 다윗은 사울 왕의 제안을 겸손하게 거절했습니다. 그러자 사울 왕은 딸 메랍을 누구에게 주어 버렸습니까?(19절)

❸ 그때에 사울 왕은 자신의 딸 미갈이 다윗을 사랑한다는 사실을 알게 되었고, 그것을 좋아했습니다. 사울 왕은 메랍에 이어 또 다시 미갈의 순수한 사랑을 이용해 다윗을 어떻게 만들려고 했습니까?(21절)

* 올무(21절): 덫, 함정이라는 뜻이다.

❹ 사울 왕은 자신의 목표를 이루기 위해서는 수단과 방법을 가리지 않았습니다. 이번에는 신하들의 거짓 여론을 꾸몄습니다. 모든 신하들이 다윗을 어떻게 하고 있다고 했습니까?(22절)

❺ 다윗은 또 다시 왕의 사위가 되는 것을 정중하게 사양했습니다. 그때 사울 왕은 다윗을 자극하는 신부 값을 제시했습니다. 물론 거의 불가능한 조건이었습니다. 사울 왕이 다윗에게 제시한 신부 값은 무엇입니까?(25절)

* 포피(25절): 남성의 생식기를 덮고 있는 겉 피부이다. 이는 적군을 완전히 죽여야 얻을 수 있는 것이었다.
* 신부 값이란 약혼자가 여자의 부모에게 지불하는 돈의 총액이다.

❻ 거의 불가능한 신부 값 앞에서 다윗은 아마도 사울 왕의 속마음을 알게 되었을 것입니다. 다윗은 사울 왕의 술책에 대해 정면승부를 합니다. 그 결과는 어떠했습니까?(27절)

❼ 다윗을 제거하기 위한 사울 왕의 모든 계획은 물거품이 되었고, 오히려 다윗만 공식적인 왕의 사위가 되었습니다. 이러한 다윗의 승리 뒤에는 항상 누가 있었습니까?(28절)

더 깊은 연구와 묵상을 위하여

❶ 여러분은 질투의 대상을 넘어뜨리기 위해 음흉한 계획을 세우고 있지는 않습니까?

❷ 다윗은 순결한 마음으로 하나님과 하나님 나라에 충성을 다했습니다. 하나님과 하나님의 나라를 섬기는 여러분의 마음은 순결합니까?

적용을 위한 글

사울은 음흉한 술수로 다윗을 죽이려고 했다. 자신의 목적을 이루기 위해 자신의 두 딸을 이용했으며, 하나님의 이름을 이용하는 것도 서슴치 않았다. 자기 이익을 위해 수단과 방법을 가리지 않는 세상적 가치관을 여지없이 드러낸 것이다. 사울은 다윗에게 이미 약혼한 딸을 주겠다고 했다가 약속을 지키지 않는다거나, 적군 1백명을 죽이면 사위가 되게 해주겠다는 무리한 조건을 제시했다. 목적을 위해서라면 물불을 가리지 않는 사울의 모습은 아마도 현대인의 표상일 것이다. 한편, 다윗의 모습은 사울의 모습과는 대조적이다. 다윗은 순결한 마음으로 블레셋과의 전투에 임했다. 하나님이 함께하심을 믿었으며, 하나님께서 세우신 권위자에게 순박하게 복종하는 성실함을 보여주었다. 하나님은 다윗같이 충실하게 자신의 일을 감당해 나가는 사람을 사용하신다.

적용 및 결단을 위한 질문

❶ 여러분은 사울처럼 사람들에게 존경과 인기를 얻기 위해 다른 사람들과 하나님을 이용하고 있지는 않습니까?

❷ 다윗처럼 이유 없이 고난을 당해본 적이 있습니까? 여러분은 그때 하나님이 함께하실 것을 믿고 여러분의 갈 길을 묵묵히 걸어갔습니까?

09 요나단의 사랑

| 본문 사무엘상 19:1-8

| 외울말씀 요나단이 그의 아버지 사울에게 다윗을 칭찬하여 이르되 원하건대 왕은 신하 다윗에게 범죄하지 마옵소서 그는 왕께 득죄하지 아니하였고 그가 왕께 행한 일은 심히 선함이니이다 (4절)

도입을 위한 글

우리는 의식적이든 무의식적이든 자신에게 유리한 쪽으로 관계를 맺는 경우가 많다. 이것은 무작정 나쁘기만 한 것은 아니지만, 극단적인 경우에는 관계에 대한 집착으로 표출된다. 곧 한없는 내적 공허감을 채워줄 상대를 찾게 되는 것이다. 정신과 의사인 알 디 랭은 이렇게 말한다. "우리는 사실상 사랑을 가장한 폭력으로 자신을 파괴하고 있다." 더 나아가 그는 이렇게 말한다. "현대인이 주위 사람에게 집착하고, 그렇게 집착할수록 더 큰 불만과 외로움을 느끼는 것은 이해가 가는 일이다." 이런 병적인 증상의 원인은 오로지 자신의 유익만을 위해 관계를 맺기 때문이다. 자신의 유익을 위한 관계는 역설적으로 심한 외로움과 고립을 낳는다. 우정이란 절대로 그 무엇을 얻기 위한 것이 아니기 때문이다. 이에 대해 시몬느 웨일은 이렇게 말한다. "양편이 자유로이 의사를 결정할 수 있는 상태를 유지하려는 소망보다 목적성이 우위를 잡게 되면 우정은 빛을 잃고 만다."

—폴 스티븐스, 「현대인을 위한 생활영성」

도입을 위한 질문

❶ 현대인들이 주위 사람들에게 집착하고, 그렇게 집착할수록 더 큰 불만과 외로움을 느낀다는 말에 동의합니까?

❷ 이런 증상이 일어나는 이유는 무엇입니까? 혹시 내면에 있는 자신의 유익 때문이라고 생각하지는 않습니까?

본문 질문

❶ 사울 왕은 이제 공개적으로 다윗을 죽이려고 했습니다. 사울 왕은 왕자 요나단과 모든 신하들에게 무엇을 명령했습니까?(1절)

❷ 요나단은 다윗을 심히 좋아했습니다. 요나단의 사랑은 혈연이나 가족 이기주의를 뛰어 넘는 것이었습니다. 요나단은 난처한 입장에도 불구하고 다윗에게 어떤 사실을 알려주었습니까?(2절)

 복제불허 © 프리셉트

❸ 요나단은 다윗을 구체적으로 도와주었습니다. 다윗을 어디로 피신시켰습니까?(2-3절)

❹ 요나단은 자기 이익이나 왕의 자리보다는 진리를 더 사랑했습니다. 그는 아버지에게 무엇이라고 직언을 했습니까?(4-5절)

❺ 요나단은 하나님께서 다윗과 함께 하신다는 것을 알고 있었습니다. 요나단은 다윗이 블레셋 사람들을 무찌른 일이 결국 누가 한 일이라고 생각했습니까?(5절)

❻ 요나단의 말을 들은 사울은 책임지지도 못할 맹세를 또 다시 남발합니다. 사울 왕은 어떤 맹세를 했습니까?(6절)

❼ 다윗은 거듭되는 위기에도 불구하고 좌절하거나 의기소침해 하지 않고 자신의 자리를 묵묵히 감당했습니다(7절). 다시 블레셋과의 전쟁이 일어나자 다윗은 어떻게 했습니까?(8절)

더 깊은 연구와 묵상을 위하여

❶ 죄를 지을 때 처음에는 부끄러움을 느끼게 되지만, 그것이 반복되면 죄에 대한 감각이 마비됩니다. 혹시 여러분은 부끄러워해야 할 죄를 짓고도 자랑스럽게 이야기하는 영적 마비 상태에 있지 않습니까?

❷ 여러분은 자신이 속한 공동체 안에서 혈연, 지연, 학연이나 가족 이기주의와 같은 세상적 가치관을 극복하려고 어떻게 노력합니까?

적용을 위한 글

요나단은 단순히 다윗을 좋아한다는 이유만으로 모든 것을 덮어주지는 않았다. 또한 아버지라는 이유만으로 사울의 죄를 눈감아주려 하지 않았다. 요나단은 하나님의 진리를 사랑했기 때문에 혈연을 떠나 하나님께 순종하는 다윗을 좋아했고, 하나님의 뜻과 정반대로 행동하는 아버지의 잘못을 지적할 수 있던 것이었다. 진리에 대한 냉철한 균형 감각이 결국은 범죄하려는 아버지 사울도 구하고 위기에 빠진 다윗도 구하게 되었다. 진리는 우리를 자유롭게 한다. 눈앞의 이익을 위해 비겁한 타협을 하면, 이익을 얻을지는 모르지만 자유롭게 되지는 못한다. 우리는 자유를 위한 진리의 모험을 해야 한다. 비록 눈앞의 이익을 얻지 못한다 할지라도 진리를 선택하며 나아가야 할 것이다.

적용 및 결단을 위한 질문

❶ 요나단의 용기 있는 충고가 다윗도 구하고 아버지 사울도 구했습니다. 여러분이 용기를 내어 충고해주어야 할 사람은 없습니까?

❷ 다윗은 큰 위기에도 불구하고 자신의 사명을 잘 감당했습니다. 여러분은 위기의 상황이라는 이유로 뒤로 미뤄놓은 사명이 있습니까?

10 왕복을 벗은 사울

| **본문** 사무엘상 19:9-24

| **외울말씀** 미갈이 다윗을 창에서 달아 내리매 그가 피하여 도망하니라 (12절)

도입을 위한 글

우리는 그동안 검증되지 않은 믿음들을 너무나 많이 갖고 있었다. 자동차, 집, 컴퓨터, 데이트, 결혼, 돈, 권력, 명예, 성공, 건강, 사랑, 우정, 취미, 깨달음, 영성, 하나님 등. 그것들을 제대로 이해하지도 못하고, 왜 필요한지 깨닫지도 못하고 있다. 집착, 그것은 '어떤 사물이나 사람이 없이는 행복할 수 없다'고 믿는 데서 생겨난다. 그것이 긍정적이든 부정적이든 말이다. 여하튼 집착은 금물이다. 그렇다고 집착과 싸우지는 말아야 한다. 집착을 버려야 한다는 집착에 빠져버리면 더 곤란하다. 말씀 속에서 살라. 기도하는 생활을 해보라. 찬송으로 살아보라. 그런 분위기를 만들고, 그 안에서 사는 것이 지혜로운 삶이다. 그러고 보면 적당한 집착은 은혜이다. 그렇다! 은혜가 아닌 것이 하나라도 있겠는가? 깨어나 알아차리기만 하면 죄 가운데 은혜가 많더라는 바울의 말을 이해하게 될 것이다.

—장길섭, 「삶은 풀어야 할 문제가 아니라 경험해야 할 신비입니다」

도입을 위한 질문

❶ 자동차, 집, 컴퓨터, 데이트, 결혼, 돈, 권력, 명예, 성공, 건강, 사랑, 우정, 취미 등 요즘 여러분이 집착하는 것은 무엇입니까?

❷ 집착을 버리는 비결은 무엇입니까?

본문 질문

❶ 악령에 사로잡힌 사울 왕에게 더 이상 다윗의 수금 연주도 소용이 없었습니다. 다윗을 죽이려는 모든 계획이 수포로 돌아가자 사울 왕은 또 다시 다윗에게 무엇을 던졌습니까?(10절)

* 사무엘상 18:11에 나타나 사건의 반복이다. 사울 왕은 딸들, 전쟁, 신하들과 왕자 등 모든 방법을 동원했었다.

❷ 다윗은 집으로 피신했습니다. 그러자 사울 왕은 전령들을 보내 다윗의 집을 포위했습니다. 다음 날 아침 다윗을 죽일 작정이었습니다. 그 위기의 상황 속에서 하나님은 누구를 통해 어떻게 다윗을 구하셨습니까?(11-12절)

* 전령들(11절): '부하들'(표준새번역), '군졸들'(공동번역)이라는 뜻이다.

❸ 미갈은 어떤 계략으로 다윗이 도망갈 시간을 확보해 주었습니까?(13-16절)

* 우상(13절): 가족 수호신 드라빔을 말하는 것으로, 사울 집안의 영적 상태를 보여준다. 창세기 31:34에서는 야곱의 아내 라헬도 드라빔을 소유하고 있었다.

❹ 도망치는 다윗은 어려운 상황 속에서 도움을 얻기 위해 누구를 찾아갔습니까?(18절)

* 라마(18절): 높은 곳이라는 뜻으로, 에브라임 산지에 있었던 성읍이다. 사무엘의 고향이자 활동의 중심지였다. 나욧이라는 동네에는 선지자 학교가 있었는데, 사무엘은 죽는 날까지 불순종하는 사울을 보지 않기 위해 이곳에서 은둔 생활을 했으며, 선지자 무리를 훈련시켰다.

❺ 사울 왕의 잘못된 집념은 포기를 몰랐습니다. 사울 왕은 다윗을 체포하기 위해 라마 나욧으로 전령들(군사들)을 몇 번이나 보냈습니까?(20-21절)

복제불허 © 프리셉트

❻ 전령들은 라마 나욧을 갈 때마다 예언을 했습니다. 사울 왕은 네 번째 전령들과 라마 나욧으로 갔습니다. 그때 어떤 일들이 벌어졌습니까?(22-24절)

* 예언(23절): 하나님의 능력이 사람들에게 임했다는 표시로, 사도행전 2장에 나오는 사건과 동일하다. 사울 왕과 전령들에 의해 시도된 4번의 체포 시도도 성령께서 보기 좋게 막으셨다.

❼ 하나님의 영은 사울의 체포 작전을 완전히 무력화시켰습니다. 오히려 사울 왕이 수치를 당하도록 하셨습니다. 이전에 사무엘 앞에서 왕의 기름으로 옷 입었던 사울 왕은 이제 사무엘 앞에서 어떤 모습으로 하루 밤낮을 있었습니까?(24절)

* 사울 왕이 벗었던 옷은 왕이 입었던 특별한 겉옷, 즉 왕복을 말한다.

더 깊은 연구와 묵상을 위하여

❶ 우리 내면의 문제는 무엇으로 치유할 수 있습니까? 우리 자신의 맹세나 다짐 같은 마인드 컨트롤(mind control)이나 상담으로 치유될 수 있다고 생각합니까?

❷ 사울은 잘못된 집념과 열정과 고집이 있었습니다. 여러분은 어떻습니까?

적용을 위한 글

시기와 질투라는 내면의 문제는 사울처럼 맹세하고 다짐한다고 해서 이겨낼 수 있는 것이 아니다. 그것은 늘 깨어서 순간순간 주님을 의지하고 순종함으로 이겨낼 수 있는 것이다. 물론 자신의 의지나 다른 사람에게 약간의 도움을 받을 수는 있다. 하지만 근본적인 치유는 힘들다. 하나님의 은총만이 우리를 모든 문제에서 자유롭게 만든다. 한편, 하나님은 계속해서 위기를 당하는 다윗에게 시기적절한 도우심을 계속 베푸셨다. 위기도 계속되지만, 도우심도 계속된다. 인생의 광야 길에서 하나님의 손길을 경험하면서 사는 삶이 그리스도인의 삶이다. 특히 라마 나욧으로 피신해 있을 때에는 성령께서 직접 다윗을 보호해주셨다. 아무리 악한 자들이 기세등등하다 할지라도 성령께서는 능히 그들을 제어하실 수 있다. 왕의 능력이라 할지라도, 결코 성령의 능력을 이길 수는 없는 것이다.

적용 및 결단을 위한 질문

❶ 다윗의 삶은 위기의 연속이었지만, 그때마다 하나님께서도 피할 길을 적절하게 마련해 주셨습니다. 여러분은 시기적절한 하나님의 도우심을 확신하면서 살고 있습니까?

❷ 여러분은 어려운 상황에 처할 때 누구를 찾아갑니까? 요즘 하나님을 의지해야 될 문제는 없습니까? 영적 지도자와 상의해야 할 문제는 무엇입니까?

 복제불허 © 프리셉트

11 헤어짐도 하나님의 뜻

본문 사무엘상 20:1-23

외울말씀 만일 아이에게 이르기를 보라 화살이 네 앞쪽에 있다 하거든 네 길을 가라 여호와께서 너를 보내셨음이니라 (22절)

도입을 위한 글

데일 카네기의 「친구를 얻는 방법과 사람을 움직이는 방법」 중 한 부분을 같이 나누고 싶다. "뉴욕의 어느 모임에서 나는 저명한 식물학자를 만났다. 식물학자와 대화해보기는 난생 처음이었고, 나는 그에게 흠뻑 빠져버렸다. 다른 손님들은 개의치 않은 채 몇 시간 동안 정신없이 그와 이야기를 나누었을 정도였다. 그런데 그 후 식물학자는 다른 친구들에게 나를 가리켜 '지금까지 자기가 만난 사람 중에서 가장 말주변이 좋은 사람'이라고 말했다고 한다. 말주변이 좋은 사람이라고? 그럴리가 없다. 왜냐하면 나는 식물에 관해 알고 있는 것이 거의 없어서 한 말도 별로 없었으니까. 나는 단지 진심으로 흥미를 느꼈기 때문에 관심을 갖고 들었을 뿐이다." 이처럼 상대방의 말을 잘 들어준다는 것은 백 마디의 좋은 말을 하는 것보다 더 효과적이지 않겠는가?

-여운학, 「지하철 사랑의 편지」

도입을 위한 질문

❶ 여러분은 다른 사람과 대화를 할 때 주로 말을 하는 편입니까, 아니면 들어주는 편입니까?

❷ 경청이 진정한 사랑의 시작이라는 말에 동의합니까?

본문 질문

❶ "나와 죽음의 사이는 한 걸음 뿐이니라"(3절)는 용감한 장군 다윗의 말처럼, 거듭되는 위기의 상황 속에서 다윗은 매우 지쳐 있었습니다. 그때 요나단은 다윗을 어떤 말로 위로했습니까?(4절)

❷ 다윗은 사울 왕의 본심을 알아봐달라고 요나단에게 겸손히 부탁했습니다(5–8절). 특히 다윗은 자기 자신을 요나단의 무엇이라고 표현했습니까?(8절)

* 초하루…식사(5절): 매달 첫째 날은 월삭이라는 절기로 지켰는데, 안식일처럼 모든 일을 중단하고 제사를 드려야 했다. 왕정시대에는 왕이 이 절기의 주인공이 되었으며, 사울 왕은 이 절기를 정치적으로 이용했다.

* 매년제(6절): 월삭 의식보다 더 높은 차원의 의무로, 다윗이 왕궁의 조하루 식사를 빠질만한 타당한 이유가 될 수 있었다.

 | 복제불허 © 프리셉트

❸ 요나단은 다윗을 계속 격려했습니다. 특히 12-16절은 요나단이 다윗에게 한 언약입니다. 요나단의 언약은 하나님 앞에서 했던 진실한 언약이었습니다. 12-16절에서 '여호와'라는 단어는 몇 번 나옵니까?

❹ 요나단은 다윗의 안전을 책임져주겠다고 맹세하면서 다윗에게도 무엇을 베풀어 줄 것을 약속하라고 했습니까?(14-15절)

❺ 다윗과 요나단은 둘이지만 하나였습니다. 그들의 사랑은 어떤 사랑이었습니까?(17절)

❻ 다윗은 신하로써 사울 왕을 계속 섬겨야 할지 말아야 할지를 결정해야 했습니다. 그것을 결정할 시간과 장소는 언제, 어디였습니까?(18-19절)

❼ 요나단은 다윗에게 함께 있게 되든지 헤어져 있게 되든지 모두 누구의 뜻 안에 있다고 말했습니까?(21-22절)

더 깊은 연구와 묵상을 위하여

❶ 요즘 여러분이 당하고 있는 어려움들은 무엇으로부터 온다고 생각합니까?

❷ 다윗은 거듭되는 어려움 속에서 깊은 자괴감에 빠졌습니다. 여러분이 다윗이었다면, 과연 어떻게 행동했겠습니까?

적용을 위한 글

계속되는 죽음의 위협 앞에서 다윗은 깊은 고뇌 가운데 있었다. 신하로써 사울 왕을 끝까지 섬겨야 할지, 아니면 사울 왕에게서 멀리 떠나 도피 생활을 해야 할지 중요한 결정을 해야 했다. 이런 중요한 결정을 앞두고 다윗은

복제불허 © 프리셉트

요나단에게 도움을 청했다. 요나단은 자기 생명을 걸고 희생적으로 다윗에게 도움을 주었다. 이것이 참된 사랑이다. 자기 희생이 없는 사랑은 진정한 사랑이 아니다. 요나단은 마치 맏형처럼 다윗의 아픈 마음을 감싸주고, 주님의 이름으로 위로해주었다. 그리고 함께 지혜를 모아 여러 가지 계획들을 세워나갔고, 서로 간에 언약도 세웠다. 요나단은 다윗을 보호하고, 다윗은 왕이 되었을 때 요나단 가문을 보호해줄 것을 약속했다. 그 언약은 두 사람을 강력하게 묶어주었다. 그리스도인들 역시 새 언약 안에서 묶여진 운명 공동체이다. 그러므로 서로를 자기 생명처럼 보호해주고 사랑해주어야 할 의무가 있다.

적용 및 결단을 위한 질문

❶ 요나단은 여호와의 이름으로 다윗을 격려하고 위로했습니다. 지금 여러분 주변에 여러분의 격려와 위로가 필요한 사람은 누구입니까?

❷ 만나서 사랑하는 것만 하나님의 뜻이고, 헤어져 그리워하는 것은 하나님의 뜻이 아니라고 생각하지 마십시오. 여러분은 형통한 날과 곤고한 날을 병행하게 하시는(전 7:14) 하나님의 뜻을 신뢰하고 있습니까? 또한 삶의 모든 상황을 하나님의 뜻으로 잘 받아들이고 있습니까?

12 사울과 요나단

본문 사무엘상 20:24-42

외울말씀 요나단이 다윗에게 이르되 평안히 가라 우리 두 사람이 여호와의 이름으로 맹세하여 이르기를 여호와께서 영원히 나와 너 사이에 계시고 내 자손과 네 자손 사이에 계시리라 하였느니라 하니 다윗은 일어나 떠나고 요나단은 성읍으로 들어가니라 (42절)

도입을 위한 글

가족애도 좋지만, 극단적인 가족 이기주의나 집단적 이기주의는 더불어 살아가는 이타주의를 잠재워서 보다 성숙한 사회를 만들어내지 못하게 한다. 가장 이기주의를 벗어나야 할 종교마저 이기주의의 늪에서 허우적거리고, 예수님을 믿는다는 교회마저도 이기주의의 높은 바벨탑을 쌓고 춤을 추는 것을 종종 본다. 일부이지만 교계의 유명인이 된 사람들이 바로 옆에는 쓰러져가는 교회들이 있는데도 불구하고, 왕성한 식욕으로 바닷물을 빨아들이는 고래처럼 자본과 종교적 인기의 힘으로 자기 교회 배불리기에 여념이 없는 모습을 보게 된다. 신앙인의 삶이란 본능이나 이성, 양심의 차원의 수준이 아니다. 이것들을 초월한 믿음의 차원으로 인생을 살아가는 사람들이다. 믿음의 중심에는 바로 인간의 몸을 입고 오신 예수님이 있다. 예수님은 자신을 위해 이 땅에 오신 것이 아니다. —김필곤, 「열린편지」

도입을 위한 질문

❶ 이기주의(利己主義)와 이타주의(利他主義)의 차이점은 무엇입니까?

❷ 여러분은 이기적입니까, 아니면 이타적입니까?

본문 질문

❶ 내적으로 부정하고 깨끗하지 못했던 사울은 초하루 행사에 빠진 다윗도 자신처럼 어떠하다고 생각했습니까?(26절)

* 부정한가보다(26절): 피나 시체와 같은 부정한 것에 접촉했을 경우 월삭에 불참할 이유가 되었다.

❷ 요나단은 사울 왕이 다윗에 대해서 묻자, 자신이 고향으로 보내주었다고 했습니다(27-29절). 그때 사울 왕은 요나단에게 어떻게 반응했습니까?(30절)

❸ 사울 왕은 요나단이 왕권을 계승하기 위해서 다윗이 어떻게 되어야 할 존재라고 말했습니까?(31절)

* 사울 왕은 죄와 욕심의 노예였다. 자신의 왕권 유지는 물론, 그 왕권을 자신의 자손에게까지 물려주려는 욕심이 있었다.

❹ 요나단이 또 다시 다윗을 두둔하자 사울은 요나단에게 무엇을 던졌습니까?(32-33절)

❺ 아버지와 아들은 너무나 달랐습니다. 요나단이 월삭 행사 둘째 날에 금식하며 기도했던 이유는 무엇 때문이었습니까?(34절)

❻ 요나단은 신실한 사람이었습니다. 다윗과 맺었던 맹세와 약속(20:17-23)을 신실하게 지켰습니다(35-40절). 다윗은 요나단의 신실한 사랑에 어떤 자세를 취했습니까?(41절)

❼ 다윗과 요나단의 헤어짐은 아팠지만, 하나님의 뜻이었습니다. 두 사람은 헤어짐을 어떻게 받아들였습니까?(42절)

더 깊은 연구와 묵상을 위하여

❶ 여러분은 다른 사람이 내 마음대로 되지 않는다고 해서 사울과 같이 그 사람을 욕하고 그 사람에게 불평의 창을 던지고 있지는 않습니까?

❷ 요나단은 다윗이 겪는 아픔을 자신의 아픔보다 더 민감하게 받아들였습니다. 여러분은 여러분 주변 사람들의 아픔에 대해 민감합니까?

적용을 위한 글

사울 왕은 자기중심적이며 이기적인 사람이었다. 요나단을 통해 자신의 욕심을 채우려 했지만, 요나단이 협조하지 않자 그에게 욕하고 심지어 죽이려고 단창까지 던졌다. 이와는 대조적으로 요나단은 이타적인 사람이었다. 어쩌면 경쟁자일지도 모르는 다윗을 사랑하며 다윗의 아픔을 자신의 아픔처럼 느꼈다. 그는 위험을 무릅쓰며 다윗의 입장을 대변했고, 심지어 다윗을 위해 금식하며 기도했다. 우리가 이기적으로 살아갈 것인가 이타적으로 살아갈 것인가는 매 순간의 선택이다. 예수님처럼 성숙의 길로 나아가려는 그리스도인들이라면 매 순간 이타적인 삶을 선택해야 할 것이다. 단, 잊지 말아야 할 것은 이타적인 삶은 항상 하나님의 뜻이라는 울타리 안에서 이루어져야 한다는 것이다. 또한 헤어짐이라는 하나님의 뜻을 묵묵히 받아들였던 요나단과 다윗처럼 우리도 하나님의 뜻을 받아들이며 살아야 한다.

적용 및 결단을 위한 질문

❶ 요나단은 신실하게 다윗과 맺은 언약과 약속을 지켰습니다. 여러분이 지켜야 할 하나님과의 약속은 무엇입니까? 또한 여러분이 지켜야 할 사람과의 약속은 무엇입니까?

❷ 헤어짐이 하나님의 뜻이라면 헤어져야 합니다. 최근에 헤어짐이나 이별을 경험한 적이 있습니까? 여러분은 그것을 하나님의 뜻으로 수용했습니까?

 복제불허 © 프리셉트

13 도망자 다윗

본문 사무엘상 21:1-15

외울말씀 그 날에 다윗이 사울을 두려워하여 일어나 도망하여 가드 왕 아기스에게로 가니 (10절)

도입을 위한 글

제2차 세계대전 때 전쟁터에서 죽은 사람보다 전쟁에 대한 두려움으로 인한 심장병 때문에 죽은 사람이 더 많았다고 한다. 두려움은 초청하지 않아도 찾아온다. 그러나 더 큰 문제는 두려움 자체보다 두려워하는 마음이다. 초원에서 소를 돌보는 한 카우보이가 위대한 교훈을 찾아냈다. 보통 소들은 매섭고 차가운 겨울바람을 등지고 이동하다가 울타리에 가로막히면 먼저 나가려고 싸운다. 그러다가 서로 뒤엉켜 압사하는 사고가 종종 발생한다. 그러나 '헤리퍼드'라는 소들은 겨울 바람에 정면으로 맞서며 나아가기 때문에 울타리를 피할 수 있어 한 마리도 죽지 않는다는 것이다. 그가 깨달은 교훈은 '인생의 폭풍우를 정면으로 맞서라!'는 것이었다. 두려움을 피하지 말고 믿음으로 맞서자.

—이영무

도입을 위한 질문

❶ 최근에 여러분을 두렵게 한 문제는 무엇입니까?

❷ 두려움의 순간에 여러분이 제일 처음 취하는 행동은 무엇입니까?

본문 질문

❶ 다윗의 도피생활이 시작되었습니다. 다윗은 어디에 있는 누구에게 제일 먼저 찾아갔습니까?(1절)

* 놉(1절): 제사장들의 성읍이다. 엘리 집안의 몰락 이후 성소가 실로에서 이곳으로 옮겨졌다.

❷ 아히멜렉은 허기진 다윗이 진설병을 달라고 하자 무엇을 주었습니까?(6절)

❸ 다윗은 놉에 머물고 있던 도엑을 의식하지 않을 수 없었습니다. 그는 누구입니까?(7절)

* 목자장(7절): 사울이 고용한 용병으로, 나라 전체를 돌면서 왕의 명령을 전하고 정보도 수집하는 자이다. 이는 흔한 행정적 호칭이었다. 다윗은 도엑을 의식하여 아히멜렉 제사장에게도 놉에 혼자 방문한 이유를 둘러댔다. 다윗의 인간적 면모를 보여준다.

❹ 성소에서 물려낸 떡으로 배고픔을 달랜 다윗은, 제사장에게 또 무엇이 있느냐고 질문했습니까?(8절)

❺ 두려움으로 가득한 다윗에게 하나님은 어떤 소망의 선물(상징물)을 주셨습니까?(9절)

* 골리앗의 칼(9절): '전쟁은 여호와께 속한 것'이라는 하나님의 도우심과 승리의 상징이다.

❻ 사울을 두려워한 다윗은 놉을 떠나 어디에 있는 누구에게 도망갔습니까?(10절)

* 가드(10절): 블레셋 땅의 한 도시국가이다.

❼ 블레셋의 신하들이 다윗의 정체를 알아채자 다윗은 왕 앞에서 어떤 행동을 함으로써 위기를 모면했습니까?(13절)

* 그럼에도 다윗의 중심만은 하나님을 떠나지 않았다. 시편 34편을 참조하라.

더 깊은 연구와 묵상을 위하여

❶ 아히멜렉은 율법의 형식과 문자에 얽매이지 않고 율법의 정신인 사랑으로 제사장만 먹을 수 있었던 진설병을 배고픈 다윗에게 기꺼이 건네주었습니다. 여러분이 남을 도와주려 할 때 이를 가로막는 문자적인 율법들은 무엇이 있습니까?

❷ 승승장구하던 다윗의 도피 생활이 시작됩니다. 하나님께서 다윗을 훈련하셨던 기간이었습니다. 여러분의 인생에서 하나님의 훈련 기간은 언제였습니까? 혹시 지금은 아닙니까?

적용을 위한 글

요나단과 헤어진 다윗은 알 수 없는 미래를 향해 나아갔다. 두려움에 가득 찬 다윗이 가장 먼저 달려간 곳은 성소였다. 하나님을 의지하는 다윗의 믿음을 엿볼 수 있다. 하나님은 성소에서 다윗을 하나님의 떡으로 먹이시고 골리앗의 칼도 선물로 주셨다. 그때 다윗은 다시 깨달았을 것이다. 어디로 가든지 하나님께서 자신을 먹여주시고 입혀주시며, 골리앗을 이길 때 함께 하셨듯이 앞으로도 함께 해주실 것임을 확신했을 것이다. 그러나 이런 다윗의 내적인 확신에도 불구하고 상황은 나아지지 않았다. 저승사자와 같은 도엑이 놉에 머물고 있었기 때문이다. 그래서 다윗이 도망간 곳이 가드였는데, 그곳에도 다윗을 위협하는 인물들이 가득했다. 고난의 연속이었다. 다윗은 계속 악화되는 상황과 하나님을 신뢰함 사이에서 엄청난 갈등과 영적 싸움을 해야만 했다. 하지만 다윗은 시편 34편에서도 볼 수 있듯이, 계속해서 하나님만을 의지하며 어려운 상황들을 하나하나 이겨냈다.

적용 및 결단을 위한 질문

❶ 다윗은 미래에 대한 두려움의 순간에 성소로 향했습니다. 여러분은 두려움의 순간에 제일 먼저 어디로 달려갑니까?

❷ 지난날 하나님이 주셨던 승리를 기억하는 것은 두려움에 가득 찬 오늘날에 소망을 줍니다. 여러분이 기억해야 할 여러분만의 "골리앗의 칼"은 없습니까?

14 보호자 다윗, 학살자 사울

본문 사무엘상 22:1-23

외울말씀 두려워하지 말고 내게 있으라 내 생명을 찾는 자가 네 생명도 찾는 자니 네가 나와 함께 있으면 안전하리라 하니라 (23절)

도입을 위한 글

예전에 남아공은 흑인과 백인이 함께 예배를 드리지 않았다. 고난주간을 맞아 흑인교회인 성 시온교회에서 세족식을 행했다. 그런데 그 자리에 '올리버'라고 하는 백인 대법원장이 참석했다. 세족식 시간이 되자 그는 '마르다'라는 흑인 여성 앞에 무릎을 꿇고 정성을 다해서 발을 씻어주었다. 모든 사람이 깜짝 놀라 숨을 죽이고 그 장면을 지켜보았다. 백인 대법원장이 흑인의 발을 씻긴다는 것은 도저히 상상할 수 없는 일이었기 때문이다. 발을 다 씻어준 뒤, 대법원장이 사람들에게 말했다. "여러분, 이 사람은 내 집의 노예로 있는 사람입니다. 한평생 우리 아이들의 발을 씻어주었습니다. 그래서 오늘은 내가 이 사람의 발을 씻어주어야 마음이 편안할 것 같아 이렇게 한 것뿐입니다." 그는 이 일 때문에 대법원장직에서 파면을 당했다. 그러나 그는 오히려 '이제야말로 참으로 자유로운 그리스도인이 되었다'고 기뻐하며 감사했다고 한다.

–김장환, 「큐티 365」

 복제불허 © 프리셉트

도입을 위한 질문

❶ 여러분이 백인 대법원장이었다면 그렇게 할 수 있었겠습니까?

❷ 여러분은 어떤 스타일의 사람을 섬기기 어려워합니까?

본문 질문

❶ 다윗은 블레셋 가드를 떠나 아둘람 굴로 도망쳤습니다. 그때 4백 명 가량의 사람들이 다윗에게로 몰려들었습니다. 그 사람들은 어떤 사람들이었습니까?(1-2절)

* 아둘람 굴(1절): 블레셋과 이스라엘 접경 지대의 임자 없이 버려진 땅을 말한다.

❷ 다윗은 그 어려운 상황 속에서도 모압 왕을 찾아가 누구의 안전을 부탁했습니까?(3-4절)

❸ 다윗은 계속해서 하나님의 지시를 받고 행동했습니다. 5절에서는 누구를 통해 어떤 지시를 받고 있습니까?

* 요새(5절): 아둘람 근처에 있었던 다윗의 작전기지를 말한다.

❹ 사울의 신하들은 다윗을 잡는 데 소극적이었습니다. 그러자 사울은 신하들의 충성을 유도하기 위해 여러 가지 방법을 사용했습니다. 6-7절을 읽고 정리해보십시오.

❺ 사울은 권력 말기에 추태를 보였습니다. 자신의 측근도 믿지 못했습니다. 그때 사울 왕의 비위를 맞추려 했던 기회주의자가 나타났습니다. 그는 누구였습니까?(9-10, 18-19절)

* 그는 하나님의 뜻보다는 자신의 출세를 위해 힘썼다.

❻ 사울 왕은 다윗에 대한 격정과 분노를 아무런 방어능력이 없는 놉 땅의 생명체에 쏟아버렸습니다. 사울 왕은 놉 땅의 누구를 학살했습니까?(19절)

* 자기 이익을 위해서 아말렉을 전멸시키지 않은 것과는 정반대의 상황이다. 놉 땅의 소와 나귀와 양을 모조리 죽였다.

❼ 아히멜렉의 아들 아비아달이 구사일생으로 다윗에게로 도망쳐 놉 땅에서 일어난 대학살에 대해서 이야기해주었습니다(20-21절). 그때 다윗은 아비아달을 어떤 말로 위로했습니까?(22-23절)

더 깊은 연구와 묵상을 위하여

❶ 사울은 위협(칼), 포상금, 지역감정 등으로 다른 사람을 조종하려고 했습니다. 여러분이 주로 조종하려고 애쓰는 사람은 누구입니까?

❷ 도엑은 자신의 출세를 위해 양심, 하나님의 정의 등을 내팽개쳤습니다. 여러 분도 세상에서 손해나 불이익을 당하지 않기 위해서 하나님의 말씀을 저버린 경우는 없습니까?

적용을 위한 글

다윗은 보호자였고, 사울은 학살자였다. 다윗은 비록 도망자의 생활을 했지만 주변 사람들을 섬기는 일을 게을리하지 않았다. 아둘람 굴로 몰려든 도망자들, 환난을 당한 자들, 억울한 자들을 숨겨주며 그들의 마음을 만져주었다. 그 어려운 상황 속에서도 연로하신 부모를 모압 왕에게 부탁했다. 이는 마치 십자가 상에서 모친 마리아를 요한에게 부탁하신 예수님과도 같다. 자신에게 도망쳐 온 아비아달의 보호자가 되어주는 장면도 우리의 마음을 따뜻하게 해준다. 반면 사울 왕은 모든 것을 가졌고 모든 것을 다스릴 수 있는 사람이었지만, 그는 주변 사람들을 섬기지 않았다. 오히려 이용하고 조종하려고만 했다. 자신에게 반대하는 사람은 제거하고 없애버려야 할 사람으로 간주했다. 우리는 삶의 현장 속에서 주변 사람들을 보호할 것인가 아니면 이용할 것인가, 또한 그들을 섬길 것인가 아니면 조종할 것인가 하는 선택을 해야만 한다.

적용 및 결단을 위한 질문

❶ 아둘람 공동체는 비록 사울의 폭정을 피해 도망한 자들의 모임이었지만, 하나님은 그들을 통해 새로운 나라를 계획하고 계셨습니다. 여러분이 속한 공동체와 아둘람 공동체를 비교해보십시오.

❷ 하나님의 사람 다윗은 늘 주변 사람들(아둘람 공동체, 부모, 그리고 아비아달까지)을 보호해주었습니다. 여러분이 보호해주어야 할 주변 사람들은 누구입니까?

15 하나님께 묻고 또 묻고

본문 사무엘상 23:1–14

외울말씀 다윗이 여호와께 다시 묻자온대 여호와께서 대답하여 이르시되 일어나 그일라로 내려가라 내가 블레셋 사람들을 네 손에 넘기리라 하신지라 (4절)

도입을 위한 글

빗길에 미끄러지던 트럭이 한 주택을 들이받았다. 구조대와 앰뷸런스가 요란한 소리를 내며 사건 현장에 도착했다. 이때 놀라운 일이 목격됐다. 야단법석인 와중에도 방에서 한 여성이 잠을 자고 있었다. 더 놀라운 것은 다른 방에서 아기 우는 소리가 들리자, 그 여성이 벌떡 깨어 일어나더라는 것이다. 우리의 청각은 두 가지 기능을 갖고 있다. 들려오는 소리를 감지하는 일반적인 기능 외에, 듣고 싶은 소리만을 선별해서 듣는 기능도 함께 가지고 있다. 듣기로 결심했다면, 아무리 세미한 음성일지라도 듣고 반응할 수 있다. 하지만 듣지 않기로 마음먹었다면, 제아무리 천둥소리와 같은 큰 소리일지라도 결코 들을 수가 없다. 하나님의 음성을 듣지 못하는 것은 이런 이유에서다. 음성이 없어서가 아니라, 마음에 굳게 건 빗장 때문이다.

–강대일, 국민일보「겨자씨」

도입을 위한 질문

❶ 하루 24시간 중 하나님의 임재하심을 인식하며 사는 시간은 몇 시간쯤 됩니까?

❷ 최근 여러분의 말씀 생활에 점수를 준다면 몇 점입니까?

본문 질문

❶ 다윗은 블레셋 사람이 그일라를 공격했다는 소식을 들었습니다. 그때 다윗이 제일 처음 했던 행동은 무엇입니까?(1-2절)

* 그일라(1절): 블레셋 접경지역으로, 헤브론 북서쪽 10㎞지점에 있던 성읍이다.

❷ "그일라를 구원하라"(2절)는 하나님의 말씀과 그일라 공격은 무리라는 참모진의 의견이 충돌을 일으켰습니다(3절). 이때 다윗은 어떻게 했습니까?(4절)

❸ 다윗은 하나님의 지시에 즉시 순종했습니다. 그 결과는 어떠했습니까?(5절)

❹ 다윗이 그일라에 있다는 소식을 들은 사울 왕은 무엇이라고 말합니까?(7절)

* 사울 왕은 하나님의 뜻과는 상관없이 자기중심적인 관점으로 모든 일들을 해석하는 오류를 범했다.

❺ 사울 왕은 그일라 사람들을 이용해 다윗을 죽이려는 음모를 꾸몄습니다. 이 사실을 알게 된 다윗은 무엇을 가져오라고 아비아달 제사장에게 요청했습니까?(9절)

* 에봇(9절): 고대 이스라엘 왕들은 중요한 결정을 할 때 제사장의 에봇을 사용했다.

❻ 하나님께서는 사울의 공격과 그일라 사람들의 배신이 확실하다고 알려주셨습니다(12절). 하나님의 응답을 받은 다윗은 누구와 함께 어떻게 했습니까?(13절)

* 육백 명 가량(13절): 처음 아둘람 공동체를 이루었던 4백 명(22:2)에서 2백 명이 증가했다.

❼ 순종이 형통만을 가져오는 것은 아닙니다. 다윗은 하나님의 말씀에 순종함으로 또 다시 도망자의 처지로 전락했습니다. 하나님은 이런 다윗을 어떻게 보호해주셨습니까?(14절)

더 깊은 연구와 묵상을 위하여

❶ 다윗은 자기 문제(도망자라는 신분)에만 빠져있지 않았습니다. 하나님 나라의 일과 이웃의 고통을 위해 적극적으로 일어났습니다. 여러분은 자신의 문제에만 빠져 하나님 나라의 일은 소홀히 하고 있지 않습니까?

❷ 하나님은 그일라의 배신을 다윗에게 미리 알려주셨습니다. 만약 여러분이 베푼 은혜가 배신으로 돌아온다면, 여러분은 어떻게 반응하겠습니까?

적용을 위한 글

다윗은 하나님 마음에 합한 사람이었다. 이것은 다윗의 행동이 100% 완전하다는 뜻이 아니다. 이미 살펴보았듯이, 다윗은 지극히 인간적인 면모를 드러낸 사람이었다. 그럼에도 하나님의 마음에 합하다는 평가를 내릴 수 있었던 것은, 다윗이 언제 어디서나 하나님을 의지했기 때문이다. 다윗은 매 순간 하나님을 의지하며, 하나님께 묻고 또 물었다. 하나님은 다윗과 같은 사람을 기뻐하신다. 하나님 없이 자신의 능력만을 믿고 기고만장해서 홀로 살아가며, 입으로는 하나님을 운운하지만 마음으로 하나님을 전혀 의지하지 않는 사울과 같은 사람을 기뻐하지 않으신다. 삶의 현장에서 들리는 하나님의 생생한 음성을 듣기 위해서는 하나님의 말씀을 묵상하는 것이 필수적이다. 하나님의 말씀인 성경을 묵상하면 하나님의 음성이 들리고, 그 음성은 날로 세밀해지며 구체적이 될 것이다.

적용 및 결단을 위한 질문

❶ 다윗은 무엇을 결정할 때 계속해서 하나님께 물었습니다. 여러분은 여러분의 삶 속에서 무엇을 결정할 때 가장 먼저 누구에게 물어봅니까? 그리고 누구의 말을 가장 신뢰하고 따릅니까?

❷ 하나님은 사울의 위협과도 같은 오늘날의 위험 요소들(자동차, 기계문명, 공해, 오염된 먹거리)로부터 하나님의 자녀인 우리를 지켜주고 계심을 믿습니까?

16 성실하게 지키시는 하나님

본문 사무엘상 23:15-29

외울말씀 사울이 산 이쪽으로 가매 다윗과 그의 사람들은 산 저쪽으로 가며 다윗이 사울을 두려워하여 급히 피하려 하였으니 이는 사울과 그의 사람들이 다윗과 그의 사람들을 에워싸고 잡으려 함이었더라 (26절)

도입을 위한 글

구덩이에 빠져있을 때, 대적은 우리가 하나님의 신실하심보다 현재 처한 상황에 집중하게 만든다. 당신이 지금 결혼 생활에 위기를 맞았다고 가정해 보자. 사탄은 당신의 마음을 사로잡기 위해 거짓말을 할 것이다. 당신의 배우자가 처음부터 당신과 맞지 않았다는 소리가 당신의 귀에 들려오는가? "거봐, 너희 가정은 가망이 없어." 하지만 그것은 어디까지나 거짓이고 속임수다. 그러나 거짓 증거보다 더 악랄한 사탄의 거짓말이 있다. "넌 이미 일을 망가뜨려 놨어. 이젠 회복이 안 될걸?" 성경 전체가 회복을 말하고 있다는 것을 아는가? 성경에는 하나님도 어쩌실 수 없을 것 같은 인물이 많이 나온다. 하지만 하나님은 그들 한 사람 한 사람을 회복시키신다. 지금 어떤 구덩이에 빠져 있든지 관계없이 당신이 하나님께 겸손히 부르짖기만 한다면, 하나님이 회복시키실 것이다. 바로 이것이 구덩이의 목적이다.

-로버트 모리스, 「꿈을 좇을 때 만나게 되는 하나님의 시험」

도입을 위한 질문

❶ 사방이 막혀 있는 구덩이, 여러분의 인생 여정 가운데 그 구덩이에 빠진 것과 같은 상황이 있었습니까?

❷ 여러분은 그런 상황에서 주로 어떻게 반응했습니까?

본문 질문

❶ 사막의 깊은 산골에 은신해 있었던 다윗과 그의 공동체는 매우 곤고한 생활을 했습니다. 엎친 데 덮친 격으로 사울의 추격이 다시 시작되었습니다. 이때 요나단은 다윗을 찾아가 누구를 어떻게 의지하자고 격려했습니까?(15-16절)

❷ 하나님은 요나단을 통해 말씀으로 다윗을 위로하셨습니다. 고난 중에 있던 다윗에게 어떤 하나님의 비전을 확인시켜 주었습니까?(17절)

❸ 사울 왕에게 잘 보이기 위해 다윗의 은신처를 알려준 사람들은 누구입니까?(19-20절)

❹ 사울 왕은 자신에게 아첨한 십 사람들에게 어떤 말로 축복했습니까?(21절)

* 불순종하며 하나님 없이 사는 사람도 입술로는 하나님의 복을 말하는 것을 알 수 있다.

❺ "유다 몇 천 명 중에서라도 그를 찾아내리라"(23절)는 표현에서 사울 왕의 잘못된 열정을 엿볼 수 있습니다. 사울 왕은 다윗을 찾아내기 위해 어떤 계획을 세웁니까?(22-23절)

❻ 다윗은 마온 황무지에서 긴급한 상황을 맞이하게 되었습니다. 산을 가운데 두고 사울은 이쪽에서 쫓고, 다윗은 저쪽으로 도망하는 상황이었습니다. 이때 다윗의 마음을 어떠했습니까?(26절)

* 마온 황무지(25절): 유대 광야의 한 곳으로, 헤브론 남쪽 13km 지점이다. 다윗은 남쪽으로 사해를 따라 이동했다.

❼ 다윗은 사울 왕에게 잡히기 직전이었습니다. 이때 하나님은 사울의 군대를 어떤 방법으로 쫓아내셨습니까?(27-28절)

더 깊은 연구와 묵상을 위하여

❶ 요나단의 희생적 사랑과는 정반대로 십 사람들은 자신의 유익을 위해 다윗을 이용했습니다. 여러분도 눈앞의 이익 때문에 다른 사람을 이용한 적은 없습니까?

❷ 여러분은 사울처럼 '여호와의 복'이란 표현을 아무런 생각 없이, 사람의 귀에 듣기 좋게 자주 말하지는 않습니까?

적용을 위한 글

유다 남쪽에서 다윗의 도망자 생활이 계속되었다. 이스라엘의 왕이 될 것이라는 비전과 기름 부음과는 정반대의 삶이었다. 가장 가깝게 여기고 신뢰했던 사울의 계속되는 추적, 그리고 가는 곳마다 다윗을 배신하고 이용하려는 사람뿐이었다. 시편 54편에서 노래했듯이 낯선 자들, 포악한 자들 투성이였다. 하지만 다윗은 하나님께 믿음으로 반응했다. 성실하신 하나님의 그 사랑을 신뢰했기 때문이다. 그리고 하나님은 다윗을 안전하게 지키시고 요나단을 보내셔서 말씀으로 위로하셨다. 다윗을 배신하고 이용하려는 십 사람들도 있었지만, 다윗을 도망가도록 도와준 사람도 있게 하셨다. 또한 블레셋을 쳐들어오게 하심으로 눈앞까지 따라온 사울을 쫓아내 버리셨다. 다윗을 성실하게 지키셨던 하나님은 오늘날 이 땅의 하나님의 백성들도 동일하게 보호하고 계신다.

적용 및 결단을 위한 질문

❶ 요나단은 계속되는 고난 가운데 있는 다윗에게 위로와 소망과 용기를 불어넣어주었습니다. 여러분은 고난 중에 있는 이웃을 어떻게 위로하고 소망과 용기를 불어넣어 줄 수 있습니까?

❷ 때때로 우리에게도 어려움이 찾아옵니다. 하지만 하나님만 의지하면 하나님께서는 피할 길을 반드시 주십니다. 여러분의 생명을 책임져주시는 하나님을 믿습니까?

17 악을 선으로

본문 사무엘상 24:1-22

외울말씀 그런즉 여호와께서 재판장이 되어 나와 왕 사이에 심판하사 나의 사정을 살펴 억울함을 풀어 주시고 나를 왕의 손에서 건지시기를 원하나이다 하니라 (15절)

도입을 위한 글

소액 청구 소송 재판소의 재판장 와프너 판사가 한번은 심히 괴로운 마음으로 판결을 내리면서 다음과 같은 말을 했다. "내 평생에 이렇게 괴로운 판결을 내려보기는 이번이 처음입니다. 피고인 당신은 악한 사람이오. 남을 속인 것이 분명한데 교묘하게 법망을 잘 피했소. 악한 사람인 줄 알면서 당신에게 승소 판결을 내려야 하는 나의 심정은 괴롭소. 피고인의 승소를 선고합니다." 미국 연방 대법원장을 지낸 호레이스 그레이 대법관이 어느 날 거리에서 한 사람을 만났다. 그는 교묘하게 법망을 피해 무죄석방을 받아 거리를 활보하고 있었다. 그레이 판사는 그를 붙잡고 이렇게 말했다. "당신이 유죄인 것은 나도 알고 당신도 알고 있소. 당신에게 꼭 일러둘 말이 있소. 후일에 당신은 인간보다 현명하시고 뛰어나신 재판장 앞에 설 것이오. 거기서는 세상의 법률이 아니라 공의 대로 심판을 받을 것이오." 성경은 우리가 몸으로 행한 것과 입으로 말한 것과 마음으로 생각한 것에 대하여 심판을 받는다고 말씀한다.

–조효훈, 「세월의 흔적」

도입을 위한 질문

❶ 이전이나 최근에 억울한 일을 당해본 적이 있습니까?

❷ 여러분은 그 억울함을 풀기 위해 어떻게 행동했습니까?

본문 질문

❶ 사울 왕은 틈만 나면 다윗을 추적하는 일에 몰두했습니다. 다윗이 엔게디에 있다는 소식을 듣자 사울 왕은 곧장 어떻게 행동했습니까?(1-2절)

❷ 사울은 다윗이 숨어 있는 굴에서 용변을 보게 되었습니다. 그때 다윗의 사람들은 사울 왕을 죽일 수 있는 좋은 기회라 생각하며 다윗에게 무엇이라고 조언했습니까?(4절)

* 다윗의 사람들은 말씀을 자기 욕심대로 잘못 적용했다.

❸ 다윗은 사울 왕을 죽이지 않았습니다. 대신 겉옷 자락만 살짝 베었습니다. 하지만 다윗은 그 행동에 대해서 마음이 찔려했습니다. 왜 그랬습니까?(6절)

❹ 다윗은 오랜만에 사울 왕을 대면했습니다. 다윗은 사울 왕에게 자신의 무죄함에 대해 호소했습니다. 그때 다윗은 사울 왕에게 여전히 어떤 호칭을 사용했습니까?(8, 10-11절)

* 사울을 여전히 왕으로 인정하고 있었다.

❺ 다윗은 하나님을 어떤 분이라고 인식하고 있었습니까?(12, 15절)

❻ 악을 선으로 갚은 다윗은 사울의 마음을 변하게 했습니다. 사울 왕은 자신을 살려준 다윗에게 소리 높여 울면서 무엇이라고 말했습니까?(17-21절)

 복제불허 © 프리셉트

❼ 하나님은 다윗의 6백 명과 사울의 3천 명 정예부대의 대결에서 결국 누구를 승리하게 하셨습니까?(22절)

더 깊은 연구와 묵상을 위하여

❶ 자신의 욕심만 채우려는 잘못된 열정은 좋지 않습니다. 여러분은 어떤 일에 열정이 있습니까? 사울처럼 시간만 나면 하려고 하는 것은 무엇입니까? 그것은 하나님이 기뻐하시는 일입니까?

❷ 하나님께서 기름 부으신 종을 대적하는 것은 하나님의 권위에 대한 도전입니다. 질서상 여러분 위에 세우신 지도자와의 관계를 점검해보십시오.

적용을 위한 글

세상에서 제일 복잡한 것이 사람의 마음이요, 세상에서 제일 힘든 것이 그 복잡한 사람들과 관계를 맺어가는 것이다. 따라서 사람은 믿음의 대상이 아니다. 가장 가까운 사람이 나를 배신하거나 가장 믿었던 사람이 나에게 가장 큰 상처를 줄 수 있다. 그런 면에서 다윗은 대단한 믿음의 소유자였다. 사울의 계속적인 공격에도 불구하고, 그때마다 믿음으로 의연하게 대처해 나갔다. 하나님의 인도하심을 경험하면서 한 걸음씩 나아갔다. 다윗이 어려운 인간관계를 하나하나 풀어갈 수 있었던 비결은 재판장이신 하나님을 끝까지 의지하며 신뢰했기 때문이다. 사람과 사람 사이의 갈등처럼 풀기 어려운 과제는 없다. 하지만 모든 것을 알고 계시는 하나님은 인간관계의 문제를 풀어 주실 수 있다. 따라서 하나님의 사람들은 대인관계의 문제가 생길 때 하나님만을 의지해야 한다.

적용 및 결단을 위한 질문

❶ 여러분은 자기 욕심에 따라 말씀을 잘못 해석하고 적용한 다윗의 사람들과 같지는 않습니까? 말씀을 바르게 해석하고 적용하기 위해 여러분은 어떤 노력을 해야 합니까?

❷ 여러분은 사람들과의 관계 속에서 억울한 일을 당할 때 재판장이신 하나님을 의지하면서 믿음으로 반응합니까?

 복제불허 © 프리셉트

18 은혜를 모르는 나발

본문 사무엘상 25:1-13

외울말씀 내가 어찌 내 떡과 물과 내 양 털 깎는 자를 위하여 잡은 고기를 가져다가 어디서 왔는지도 알지 못하는 자들에게 주겠느냐 한지라 (11절)

도입을 위한 글

유난히 힘이 장사인 개미가 있었다. 다른 개미는 쌀 한 톨을 겨우 드는데, 이 개미는 두 톨씩도 거뜬히 들었다. 많은 개미가 이 힘센 개미를 우러러보았다. 기고만장해진 개미는 이 세상에 무서운 것이 없었고, 못할 것이 없다고 생각하여 넓은 세상에 나가 자신의 힘을 자랑하고 싶어했다. 개미는 사람이 많은 시장으로 찾아가서 힘자랑을 했다. 쌀 두 톨을 들어 올리기도 하고 집어던지기도 하며 괴력을 발휘했지만, 누구 하나 개미를 봐주는 사람이 없었다. 오히려 커다란 발에 밟혀 죽고 말았다. 돈이 많은 사람은 돈으로 무엇이든 할 수 있다고 생각한다. 지식이 많은 사람은 그 지식의 힘으로 못할 것이 없다고 믿는다. 권세가 있는 사람은 그 권세의 힘을 과신한다. 그러나 하나님 앞에서 인간은 '개미'에 불과하다. 우리가 가진 힘이란 겨우 쌀 두 톨 드는 힘밖에 안 된다. 전능하신 하나님 앞에서 저 어리석은 개미 같은 무모한 사람들이 얼마나 많은지. "하나님이 어디 있어? 있으면 나와 보라고 해!"

도입을 위한 질문

❶ 요즘 여러분은 다른 사람에게 주로 무슨 자랑을 합니까?

❷ 여러분의 가장 큰 약점은 무엇입니까?

본문 질문

❶ 다윗의 정신적 지주인 사무엘이 죽었습니다. 그 후 다윗은 더 남쪽인 어디로 내려갔습니까?(1절)

* 바란 광야(1절): 마온 광야라고도 한다. 사무엘의 죽음은 다윗에게 새로운 위기였기 때문에, 그는 사울 왕에게서 더 멀어지려고 했다.

❷ 마온의 부자인 나발의 성품과 행실은 어떠했습니까?(3절)

❸ 나발의 양 떼는 갈멜에 있었습니다. 다윗의 군사들이 갈멜에 있을 때 나발의 양떼를 어떻게 대해 주었습니까?(7절, 15–16절 참조)

❹ 당시 양 털 깎는 날은 조건 없이 나그네를 대접하는 관례가 있었습니다. 다윗은 굶주리고 있는 부하와 가족을 위해 나발에게 무엇을 정중하게 부탁했습니까?(8절)

* 유목민에게 양 털 깎는 날은 봄 축제였다. 모든 것이 풍부한 날이기에 나그네를 조건 없이 대접할 수 있었다.

❺ 심지어 다윗은 나발에게 "네 아들 다윗"(8절)이라는 표현을 쓰면서까지 부탁을 했습니다. 하지만 나발은 다윗의 인격을 모독했습니다. 나발은 다윗에게 무엇이라고 말했습니까?(10절)

* 사환(10절): 여기서의 사환은 주인(사울)에게서 도망쳐 나온 노예라는 표현이다.

❻ 나발은 자신이 봄 축제를 벌일 수 있는 것이 다윗이 베풀어준 은혜 때문이라는 것을 알지 못했습니다. 나발은 자신의 축제 음식이 누구의 것이라고 생각했습니까?(11절)

❼ 다윗은 자신의 인격을 모독하고 은혜를 무시한 나발에 대해 분노했습니다. 분노한 다윗은 어떤 결정을 했습니까?(13절)

더 깊은 연구와 묵상을 위하여

❶ 혹시 사랑하는 사람이나 정신적 지주로 삼았던 사람이 여러분의 곁을 떠나가는 위기의 상황을 경험해본 적이 있습니까? 여러분은 그 위기를 어떻게 넘겼습니까?

❷ 신앙은 소유의 문제(무엇을 가지느냐)보다는 존재의 문제(어떤 사람이 되느냐)입니다. 나발은 비록 많은 것을 소유했지만, 미성숙한 존재였습니다. 여러분은 소유에 관심이 많습니까, 아니면 존재에 관심이 많습니까?

적용을 위한 글

사람은 누구나 완전하지 않다. 믿음의 사람 다윗에게도 단점이라는 것이 있었다. 그에게 기름을 부은 사무엘이 죽자, 다윗의 마음이 흔들렸다. 그래서 더 안전하게 생각되는 남쪽으로 내려갔다. 또한 자신의 인격을 모독한 나발에게 보복을 결심했다. 자신이 베푼 은혜를 갚지 않는 나발에게 분노해서 극단적인 결정을 내렸다. 다윗에게는 믿음이 있었지만, 동시에 인간적인 나약함도 있었다. 한편, 나발의 모습을 보면서 하나님 없이 살아가는 이기적인 인간의 전형적인 모습을 볼 수 있다. 나발은 자신의 소유를 오로지 자기 자신을 위해서만 사용했다. 하나님과 다른 사람으로부터 많은 은혜를 받았음에도 그것은 망각한 채, 아니 일부러 잊어버린 채 살아갔다. 그리스도인의 삶은 어쩌면 은혜를 갚는 삶이라고도 할 수 있다. 그러므로 우리는 하나님께서 베풀어주신 구원의 은혜를 갚고, 하나님께서 맺어주신 사람들의 은혜를 사랑으로 되갚는 삶을 살아야 한다.

적용 및 결단을 위한 질문

❶ 여러분에게 은혜를 베풀어 준 사람들과 구원의 은혜를 베풀어주신 하나님의 은혜를 갚기 위해 여러분은 무엇을 하고 있습니까?

❷ 우리의 생각과 판단은 대부분 주관적이고 이기적입니다. 여러분은 분노에 사로잡혀 극단적인 결정을 내리지는 않습니까?

19 피스메이커 아비가일

본문 사무엘상 25:14-35

외울말씀 아비가일이 다윗을 보고 급히 나귀에서 내려 다윗 앞에 엎드려 그의 얼굴을 땅에 대니라 (23절)

도입을 위한 글

일본의 동지사 대학의 초대 총장인 '니이지마죠'의 이야기다. 한때 그 대학에 분규가 일어났다. 교직원과 학생이 완전히 두 파로 나누어졌다. 어느 날, 총장은 교직원과 전교생을 모았다. 총장은 이번 분규의 총책임자를 엄하게 처벌하겠다고 말했다. 그리고는 팔을 걷어 올려 굵은 벚꽃 나무 막대기로 자신의 팔을 계속 사정없이 세게 내려쳤다. 막대기는 꺾어지고 팔에는 피가 줄줄 흘렀다. 이 광경을 바라보던 교직원과 학생은 총장이 피를 흘리고 있는 앞자리로 나와 엎드렸다. 모두 자신이 잘못했다면서 눈물을 흘리고 용서를 빌었다. 이로써 적대관계에 있던 사람들이 화해를 했다. 온전히 하나가 되었다. 하나님의 자녀는 화평하게 하는 자, 즉 평화를 만드는 자이다. 하나님의 자녀는 이 세상 어디를 가든지 사랑과 기쁨과 평화를 전파하는 사도가 된다. 마음의 상처 입은 자를 위로하고 낮은 자를 높여주며 우는 자와 같이 울고 죄인들에게 복음을 전한다.

—신연식, 「생명나무 사랑열매」

도입을 위한 질문

❶ 니이지마죠 총장의 희생의 대가는 무엇이었습니까?

❷ 여러분은 피스메이커(평화를 만드는 사람)와 트러블메이커(불화를 만드는 사람) 중 어느 쪽에 가깝다고 생각합니까?

본문 질문

❶ 지혜로운 한 사람이 공동체를 위기에서 건져냈습니다. 나발의 교만으로 위기에 빠진 가정을 구해내려고 한 두 사람은 누구입니까?(14-19절)

14-16절	다윗이 베푼 은혜를 잊지 않고 말한 사람 ⇒ 하인들 가운데 (　　　　)
18-19절	화해의 마음으로 다윗에게 용서를 구하러 나간 사람⇒ (　　　　)

❷ 아비가일은 다윗이 베푼 은혜를 갚기 위해 어떤 예물을 준비했습니까?(18-19절)

* 아비가일의 예물 안에 든 양식은 나발의 가축떼를 보호해준 노고를 인정하는 것이었으며, 특히 볶은 곡식과 건포도는 저장 식품으로 다윗의 무리들에게 매우 유용한 것이었다.

❸ 다윗을 만난 아비가일은 어떠한 자세와 태도로 용서를 구했습니까?(23-25절)

* 아비가일은 핑계를 대지 않았다. 곧바로 남편의 잘못을 자신의 불찰이라고 인정했다.

❹ 아비가일은 탁월한 언변으로 다윗의 마음을 녹였습니다(26-31절). 아비가일은 다윗이 진정으로 싸워야할 싸움은 개인적인 복수극이 아닌 어떤 싸움이어야 함을 알려주었습니까?(28절)

❺ 더 나아가 아비가일은 다윗이 나발과 같은 원수에게 은혜를 베푼다면 다윗의 생명을 누가 책임져주실 것이라고 말했습니까?(29절)

❻ 다윗은 아비가일의 말을 경청했습니다. 아비가일이 화해를 위해 간청한 것이 다윗의 무엇을 막았다고 했습니까?(33-34절)

복제불허 © 프리셉트

❼ 다윗은 아비가일이 가져온 것과 그녀의 간청을 어떻게 했습니까?(35절)

* 다윗은 사울 왕처럼 헛된 자존심을 지키려 하지 않은 것에 주목하라.

더 깊은 연구와 묵상을 위하여

❶ 다윗 앞에서 용서를 구하는 아비가일의 모습은 우리가 하나님 앞에서 용서를 구할 때 취해야 할 자세입니다. 아비가일과 여러분의 모습을 비교할 때 같은 점과 다른 점은 무엇입니까?

❷ 여러분은 상황과 남의 탓을 많이 합니까, 아니면 내 탓을 많이 합니까?

적용을 위한 글

사람이 함께 어우러져 살아가는 공동체에는 참으로 다양한 사람이 존재한다. 그 공동체에 유익을 주는 사람이 있는가 하면, 공동체를 위기에 빠지게 하는 사람이 있다. 무질서를 만드는 사람이 있는가 하면, 질서를 새롭게 창조해 나가는 사람이 있다. 무명의 지혜로운 종과 아비가일은 후자에 속한다. 그들은 용기와 결단으로 대안을 제시하고, 지혜로운 말과 행동으로 위기에 빠진 가정 공동체를 구해냈다. 오늘날에도 내가 속한 공동체를 살려내는 사람이 절실히 필요하다. 온 인류 공동체를 지혜로 살려내신 예수 그리스도를 본받아 우리도 무질서를 질서로, 혼돈을 샬롬(평안)의 상태로 바꾸어 나가는 새 창조의 역사에 동참해야 한다. 불량자 나발을 본받아서도 안 되고, 분노한 다윗처럼 극단적인 행동을 해서도 안 된다. 그리스도인은 성령께서 주시는 지혜로 매 순간을 지혜롭게 행동해야 한다.

적용 및 결단을 위한 질문

❶ 지혜로운 아비가일은 다윗과 나발 간의 싸움을 중재시켰습니다. 공동체의 샬롬(평안)을 위해 여러분이 더욱 지혜롭게 말하고 행동해야 할 부분은 무엇입니까?

❷ 다윗은 사울처럼 헛된 자존심으로 앙심을 품지 않았습니다. 화해를 신청해 올 때 기꺼이 받아주었습니다. 여러분은 누군가가 용서를 구할 때 잘 받아들입니까?

 복제불허 © 프리셉트

20 하나님의 심판

본문 사무엘상 25:36-44

외울말씀 한 열흘 후에 여호와께서 나발을 치시매 그가 죽으니라 (38절)

도입을 위한 글

오래전, 터키로 성지순례를 갔을 때였다. 차를 타고 가다가 하얀 드레스를 입은 신부가 동네 자매들과 어울려 축제의 춤을 추는 것을 보았다. 왠지 낯설은 이방인의 춤이었지만, 그 모습은 너무도 아름다웠다. 그래서 기념사진을 찍으려고 차에서 내렸다. 동네 사람들의 말로는 그 신부가 신랑을 기다리면서 집 앞에서 기쁨의 춤을 추고 있다고 했다. 그래서 용기를 내어 천사처럼 아름다운 터키 신부와 함께 기념사진을 찍어도 되냐고 물었다. 그랬더니 그 신부의 친구들이 외국인이니까 사진을 찍어도 된다고 허락을 해주었다. 그리스도인들은 모두 몸단장하고 흰 예복을 입은 채, 밤에 도착하는 신랑을 기다리는 신부와 같다. 만약 신부가 예쁘게 화장도 안 하고 드레스도 입지 않은 채 늘 입던 평상복으로 신랑을 기다린다면, 그 결혼식은 맥이 빠지고 말 것이다. 아마도 신랑은 실망해서 그 결혼을 포기하게 될지도 모른다. 신랑을 기다리는 신부는 설레는 마음과 사랑의 열정, 그리고 기본적인 준비가 되어 있어야 한다. 그리스도인들에게 있어서 기본적인 준비는 항상 종말의식을 가지고 살아야 한다는 것이다.

도입을 위한 질문

❶ 예수님이 다시 오실 그날을 기다리고 있습니까? 솔직하게 나눠보십시오.

❷ 신랑되신 예수님을 기다리는 신부들은 무엇을 준비해야 합니까?

본문 질문

❶ 나발은 자신의 부를 과시라도 하듯이 왕의 잔치와 같은 큰 잔치를 열었습니다. 잔치를 배설한 나발은 무엇에 취해 있었으며, 그의 마음은 어떠했습니까?(36절)

* 배설(36절): 잔치나 의식에 쓰는 물건들을 차려 놓음을 뜻한다.

❷ 잔치 다음 날 술이 깬 나발은 아내로부터 다윗에 관한 소식을 들었습니다. 그때 나발의 마음과 몸은 어떻게 되었습니까?(37절)

* 낙담(落膽, 37절): 너무 놀라서 간이 떨어지는 듯하다.

복제불허 © 프리셉트

❸ 하나님은 10여 일 후에 나발을 어떻게 하셨습니까?(38절)

* 나발은 10여 일 후에 닥칠 자신의 마지막을 모른 채, 내일이면 사라질 기쁨에 도취되어 있었다.

❹ 나발의 갑작스런 죽음에 대한 소식을 들은 다윗은 나발의 죽음에 대해 어떤 해석을 했습니까?(39절)

* 아무리 건강하고 부자라 할지라도 하나님의 심판을 피할 수는 없는 법이다.

❺ 다윗이 갈멜에 자신의 전령들을 보낸 이유는 무엇 때문입니까?(39b–40절)

❻ 남편의 죽음으로 자유인이 된 아비가일은 다윗의 청혼을 어떤 자세로 받아들였습니까?(41–42절)

* 41–42절에 나오는 동사를 중심으로 정리하라.

❼ 다윗의 또 다른 아내는 누구이며, 아내였던 미갈은 어떻게 되었습니까?(43-44절)

* 사울 왕이 미갈을 발디에게 준 것은 다윗에 대한 증오심 때문이었다.

더 깊은 연구와 묵상을 위하여

❶ 요즘 여러분은 무엇에 취해 있으며, 무엇 때문에 마음이 기쁩니까? 말씀과 성령의 지배를 받고 있습니까? 하나님 때문에 마음에 기쁨이 넘치고 있습니까?

❷ 여러분은 다른 사람 때문에 억울한 일을 당했을 때, 그 일을 하나님께 맡기며 참고 기다립니까, 아니면 스스로 다른 사람을 심판하려고 아등바등합니까?

적용을 위한 글

나발은 자신의 부가 자신의 힘과 노력만으로 얻어진 것이라고 착각하고 있었다. 하나님의 은혜를 모르고 자신을 위해 수고한 이웃 다윗의 은혜와 목동 나발은 자신의 부가 자신의 힘과 노력만으로 얻어진 것이라고 착각하고 있었다. 하나님의 은혜를 모르고 자신을 위해 수고한 이웃 다윗의 은혜와 목동들의 수고도 잊은 채 자신의 소유에만 도취되어 있었다. 돈과 술의 노예가 되어 자신에게 임박한 종말의 그림자를 보지 못한 것이다. 하나님은 결국 영적인 눈이 가리워진 악인 나발을 심판하셨다. 내 것을 내 마음대로 쓰는 것이 무엇이 죄냐고 주장할 수도 있다. 그러나 성경은 그것을 분명한 악으로 규정한다. 우리가 가진 것은 우리의 것이 아니라 하나님의 것이기 때문이다. 하나님만이 주인이시다. 그것을 인정하지 않는 것이 죄요, 악이다. 한편 다윗의 청혼을 주저없이 받아들이는 아비가일의 모습에서 중요한 영적인 교훈을 얻을 수 있다. 구원이란 소속을 바꾸는 것이다. 고대 근동에서 아내는 남편의 소유물이요, 소속의 개념이었다. 하나님을 무시한 악인 나발의 소속에서 하나님을 경외하는 다윗의 소속으로 변경하는 일에 있어서 아비가일은 주저함이 없었다. 신랑되신 예수님의 신부가 된 우리도 소속을 확실히 해야 한다. 주님의 순결한 신부로 살아가는데 주저함이 없어야 한다.

적용 및 결단을 위한 질문

❶ 여러분은 역사적 종말(주님의 재림)이나 개인적 종말(죽음)을 의식하는 임박한 종말 의식을 가지고 오늘을 살아가고 있습니까?

❷ 신랑되신 예수님의 청혼을 받았을 때, 여러분은 아비가일처럼 반응했습니까?

21 말씀의 원칙대로

본문 사무엘상 26:1-25

외울말씀 내가 손을 들어 여호와의 기름 부음 받은 자를 치는 것을 여호와께서 금하시나니 너는 그의 머리 곁에 있는 창과 물병만 가지고 가자 하고 (11절)

도입을 위한 글

지혜로운 할아버지가 손자를 무릎에 앉혀놓고 말했다. "애야, 사람 안에는 늑대 두 마리가 살고 있단다. 한 마리는 악한 놈이야. 그놈은 화를 잘 내고 늘 싸우기를 좋아하며 용서할 줄 모른단다. 다른 늑대는 착한 놈이지. 이 착한 늑대는 매우 친절하고 사랑스럽단다. 이 두 마리의 늑대가 네 안에도 있단다." 깜짝 놀란 손자가 한참을 생각하더니 할아버지께 물었다. "할아버지, 그럼 내 안에 있는 늑대 두 마리가 싸우면 어떤 늑대가 이기죠?" 할아버지는 빙그레 웃으며 말했다. "그야 네가 먹이를 주는 놈이지." 사람의 마음에 어떠한 생각과 언어를 입력하는가가 마음의 습관을 결정하고, 그 마음의 습관이 인생을 만들어 간다. "모든 지킬 만한 것 중에 더욱 네 마음을 지키라 생명의 근원이 이에서 남이니라"(잠 4:23). —정승룡, 국민일보「겨자씨」

도입을 위한 질문

❶ 여러분은 주로 어떤 늑대에게 먹이를 주고 있습니까?

복제불허 © 프리셉트

❷ 여러분의 마음속에 세워놓은 자신만의 원칙이 있다면 하나만 소개해보십시오.

본문 질문

❶ 십 사람들이 다윗의 은신처를 사울 왕에게 또 밀고했습니다. 사울 왕은 곧장 수색대를 꾸려 십 광야에 진을 쳤습니다. 이에 다윗은 사울의 군대와 정면승부 작전으로 맞섰습니다. 즉 군대의 심장부에 들어가는 작전이었습니다. 이 작전에 다윗과 동행하기로 자원한 사람은 누구입니까?(1-6절)

❷ 다윗은 사울 왕의 숙소로 들어갔습니다. 아비새는 사울 왕을 죽일 절호의 기회라고 했습니다. 그때 다윗은 아비새에게 어떤 말씀의 원칙을 제시했습니까?(7-10절)

* 다윗은 나발의 사건을 통해서 심판은 하나님께서 하신다는 것을 확실히 알게 되었다.

❸ 다윗과 아비새가 사울의 창과 물병만 가지고 사울 진영을 무사히 빠져나올 수 있었던 것은 누구 때문이었습니까?(12절)

* 당시 그 지역에서 물과 무기를 빼앗는다는 것은 생명을 위협한다는 뜻이었다.

❹ 다윗은 사울의 진영 건너편 산 꼭대기에 서서 아브넬을 향해 소리쳤습니다. 다윗은 여호와의 기름 부음 받은 자를 보호하지 아니하면 마땅히 어떻게 될 것이라고 말했습니까?(16절)

* 다윗의 외침은 역설적이었다. 바꿔 말하면, 여호와의 기름 부음 받은 자를 죽이지 않고 보호한 자는 여호와의 보호와 구원을 받아야 함을 역설한 것이다.

❺ 다윗은 십 광야를 어떤 곳이라고 표현했으며, 왕의 쫓김을 받고 있는 자신의 처지를 한 마리의 무엇과 같다고 표현했습니까?(20절)

* 이스라엘 자손으로서 약속의 땅에서 지내지 못하는 자신의 신세를 표현한 것이다. 사울 왕이 다윗을 죽이려고 쫓아다니는 일은 하나님의 백성인 다윗이 하나님을 섬기지 못하게 만드는 죄라는 것을 주장한 것이다.

❻ 다윗의 말을 들은 사울 왕은 또 다시 자신의 잘못과 어리석음을 인정했습니다. 사울 왕은 다윗에게 무엇을 약속하고, 무엇을 요청했습니까?(21절)

* 사울 왕이 잘못을 인정한 것은 벌써 세 번째이다(19:6, 24:17-18). 하지만 사울 왕의 회개는 참된 회개가 아니었다. 참된 회개는 열매가 있어야 한다.

❼ 다윗은 사울 왕의 창을 넘겨주면서 하나님께서 사울 왕을 죽일 기회를 주셨지만 자신은 어떤 말씀의 원칙대로 행동했다고 말했습니까?(23절)

더 깊은 연구와 묵상을 위하여

❶ 하나님은 다윗에게 눈에 보이는 신비한 기적 대신에, 모든 군사를 잠들게 하시는 눈에 보이지 않는 기적을 베푸셨습니다. 하나님이 여러분에게 베푸시는 조용한 기적들은 무엇이 있습니까?

❷ 사울은 다윗을 죽이려고 쫓아다니는 일을 가치 있게 생각했습니다. 하지만 그것은 무의미한 일이었습니다. 여러분은 무의미한 일을 가치 있는 일로 착각하고 그것에 지나치게 열심을 내지는 않습니까?

적용을 위한 글

사울을 죽일 수 있는 기회가 또다시 찾아왔지만, 다윗은 이번에도 유혹에 넘어지지 않고 말씀에 근거한 원칙대로 행동했다. 다윗의 중심에는 사람이나 상황에 흔들리지 않는 반석과 같은 원칙들이 새겨져 있었다. 그래서 그는 여호와의 기름 부음 받은 자를 치면 안 되며, 심판과 징벌은 하나님께서 하신다는 원칙을 지켜나갔다. 그리스도인의 심장에도 말씀의 원칙들이 선명하게 새겨져 있어야 한다. 하나님은 순종하는 다윗과 함께하셨다. 눈에 보이지 않는 조용한 숨결처럼 다윗을 보호하시고 감싸주셨다. 다윗은 눈에 보이는 것을 의미 있게 생각하지 않았으며, 눈에 보이지 않지만 정말로 의미 있는 것을 추구하는 사람이었다. 그리하여 하나님, 사랑, 인애, 충성, 원칙 등 눈에 보이지 않지만 정말로 가치 있는 것들을 지켜나가려고 애를 썼다. 눈앞에 보이는 명예, 자신의 자존심 등과 같이 무가치한 것을 쫓아다녔던 사울 왕과는 정말 다른 라이프 스타일의 소유자였다.

적용 및 결단을 위한 질문

❶ 다윗은 사울을 죽일 수 있는 절호의 기회를 하나님께 범죄하는 유혹이라고 생각했습니다. 이는 다윗의 중심에 새겨져 있었던 말씀에 근거한 원칙 때문이었습니다. 여러분의 중심에는 유혹을 분별할 수 있는 말씀의 원칙이 새겨져 있습니까?

❷ 사람의 마음을 녹이고 친구로 만드는 방법은, 오직 끊임없는 사랑밖에 없습니다. 여러분은 다른 사람을 끊임없이 사랑하는 사람입니까?

22 다윗의 이중생활

본문 사무엘상 27:1-28:2

외울말씀 다윗이 블레셋 사람들의 지방에 산 날 수는 일 년 사 개월이었더라 (7절)

도입을 위한 글

사람들은 늘 책임을 회피하려고 한다. 힌두교나 불교에서는 어려움을 당하면 카르마 때문이라고 한다. "내 카르마가 나빠서." 내 전 생애의 결과가 지금 나를 괴롭히고 있다는 것이다. 현재에서 기억도 못하는 전 생애로 책임을 전가한다. 현재의 행동과 태도에서 원인을 찾지 않기 때문에 변화하려는 의지가 마비된다. 아담도 아내에게 책임을 전가했다. 어떤 사람들은 공중에 떠돌아다니는 별자리에 책임을 지운다. 정신과에서도 가끔 무의식에 책임을 떠넘긴다. 윤리적 책임을 피하려 한다. 책임을 회피하는 사람은 리더십을 갖지 못한다. 지도자는 어떤 상황과 결과에 책임지는 사람이다. 성공의 단물만 취하려는 사람은 지도자가 될 수 없다. 때로는 고난과 실패의 강도 건너야 한다. "하나님, 제 책임을 떠넘기지 않게 하소서. 변명하고 싶지 않습니다. 제가 죄에서 구원 받기 원합니다. 아멘."

-김상복, 국민일보 「겨자씨」

도입을 위한 질문

❶ 여러분은 자신이 속한 공동체 내에서 어떤 책임을 맡고 있습니까?

복제불허 © 프리셉트

❷ "성공의 단물을 얻으려면 고난과 실패의 강도 건너야 한다"는 말에 대해서 어떻게 생각합니까?

본문 질문

❶ 다윗은 도피생활에 한계를 느낀 채 절망하고 좌절했습니다. 그 순간 다윗은 어떤 불신앙적인 결정을 내렸습니까?(1절)

* 이전에 갓 선지자는 "유다 땅으로 들어가라"(22:5)고 하면서 다윗이 유다 땅에 머무는 것이 하나님의 뜻임을 전달한 적이 있다. 다윗의 결정은 이런 하나님의 뜻에 위배되는 결정이었다.

❷ 다윗과 그의 사람들은 블레셋의 아기스 왕과 동거했습니다(2-4절). 하지만 다윗은 블레셋과 일정한 거리를 두기 위해 독립된 거처를 원했습니다(5절). 그때 얻게 된 성읍은 어디입니까?(6절)

* 블레셋 땅에 살지만 이방인에게 동화되지 않으려는 최소한의 노력이었다.

❸ 다윗은 블레셋 땅에서 얼마 동안 살았습니까?(7절)

❹ 다윗과 그의 사람들은 어디를 공격하여 진멸시켰습니까?(8절)

* 그술…기르스…아말렉(8절): 이스라엘을 약탈했던 유목민이다. 다윗은 블레셋 망명 중에도 이스라엘을 보호하기 위해서 이스라엘을 위협하는 족속들과 싸웠다.

❺ 다윗은 아기스 왕의 신임을 얻기 위해 어디를 공격했다고 거짓으로 보고했습니까?(10절)

* 여라무엘 사람(10절): 유다 내에 있는 마을이다. 유다 지파의 한 씨족으로 브엘세바 남쪽 지역이었다.
* 겐 사람(10절): 사울 왕이 아말렉을 정벌하기 전 피신시켰던 사람들이다.
* 네겝(10절): 팔레스타인의 남부 경계를 이루는 긴 사막 지대를 말한다.

❻ 다윗이 그술, 기르스, 아말렉의 유목민들을 포로로 데려오지 않고 잔인무도하게 전멸시킨 이유는 무엇입니까?(11절)

❼ 다윗은 블레셋 땅에서 평안을 누리는 듯 했습니다. 더 이상 사울 왕에게 쫓겨 다니지 않아도 되었고, 거짓 보고로 아기스 왕의 신임을 얻었습니다. 하지만 다윗에게 또 다른 어려움이 닥치게 됩니다. 어떤 어려움이었습니까?(28:1–2)

더 깊은 연구와 묵상을 위하여

❶ 하나님은 때때로 우리가 좋지 못한 환경 속에서 훈련되어지길 원하십니다. 여러분은 고된 훈련이 있는 유대 땅에 머물기보다는 훈련없는 블레셋과 같은 곳에 있기를 더 좋아하지는 않습니까?

❷ 과잉, 위장, 거짓말, 이중생활 등 다윗에게 정신적 혼란이 계속됩니다. 블레셋으로 피한 다윗은, 몸은 편했을지 모르지만 마음은 그렇지 않았습니다. 블레셋으로의 도피가 문제였습니다. 여러분에게 원점으로 돌아가 다시 시작해야 할 부분은 없습니까?

적용을 위한 글

다윗의 블레셋 망명은 분명 불신앙적인 선택이었다. 하나님은 다윗이 유대 땅에 머물러 있길 원하셨다. 계속해서 하나님을 신뢰하며 훈련되어지길 바라셨던 것이다. 하지만 다윗은 스스로의 생각대로 블레셋 망명을 선택했다. 육체적으로는 편했지만, 다윗의 정신적 이중생활이 시작되었다. 나름대로 약탈민을 진멸해 조국에 대한 충성심을 발휘했으며, 시글락을 얻어 블레셋과 거리를 두고자 했어도 다윗의 마음에는 진정한 평안(샬롬)이 없었다. 무엇인가 정리되지 않은 껄끄러움이 계속 남아있었다. 다윗이 머물러야 할 땅은 블레셋이 아니었기 때문이다. 다윗은 다시 유대 땅이라는 원점으로 돌아가야만 했지만, 돌아가지 않았다. 하나님을 의지하기보다는 블레셋 땅과 아기스 왕을 의지했다. 그것은 분명 잘못된 삶의 방식이었다. 하나님의 백성다운 삶의 방식이 아니었다.

적용 및 결단을 위한 질문

❶ 절망과 좌절의 순간에도 말씀의 원칙대로 선택하고 반응해야 합니다. 여러분은 그렇게 하고 있습니까?

❷ 여러분은 세상이나 사람들에게 인정받기 위해 거짓말을 하거나 정신적 이중생활을 한 적은 없습니까?

23 하나님을 버린 사울 왕

본문 사무엘상 28:3-25

외울말씀 사울이 그의 신하들에게 이르되 나를 위하여 신접한 여인을 찾으라 내가 그리로 가서 그에게 물으리라 하니 그의 신하들이 그에게 이르되 보소서 엔돌에 신접한 여인이 있나이다 (7절)

도입을 위한 글

많은 사람들이 신문에서 띠점을 보거나 오늘의 운세를 읽기도 하며 컴퓨터 점을 보기도 한다. 이에 대해 '단순히 재미로 하는 것이고, 금방 잊어버리는데 뭐 어때?'하고 생각하기가 쉽다. 그리스도인들 중에도 이러한 사람들이 있다. 하지만 성경은 점 치는 자들을 향해 "접신한 자와 박수무당을 음란하게 따르는 자에게는 내가 진노하여 그를 그의 백성 중에서 끊으리니"(레 20:6)라고 무섭게 경고한다. 또한 강신술에 열중하는 사람들에게는 "너희는 신접한 자와 박수를 믿지 말며 그들을 추종하여 스스로 더럽히지 말라 나는 너희 하나님 여호와이니라"(레 19:31)고 말씀한다. 더 나아가 성경은 우리에게 별이나 자연의 어떤 것을 통해서도 점치는 행위를 하지 말라고 했다(신 4:19). 점이나 주술에 빠지는 것은 결국 하나님에 대한 믿음이 없는 행동이며, 믿음을 약화시키는 원인이 되기 때문이다. 실제로 점술과 주술 안에는 생명이 없고 참된 진리도 들어 있지 않다. 하나님께서 하시는 모든 일은 사람이 측량할 수 없고(전 3:11), 인생의 길은 절대적으로 하나님의 주권 안에 있다.

–「비전성경」

도입을 위한 질문

❶ 여러분은 점을 쳐본 적이 있습니까?

❷ 그리스도인은 왜 점을 치면 안 됩니까?

본문 질문

❶ 사울 왕은 블레셋의 군대를 보고 크게 두려워하여 전쟁에 대해 여호와께 물어보았습니다. 하나님은 사울 왕에게 어떻게 응답하셨습니까?(6절)

❷ 사울 왕은 하나님이 침묵하시자, 다급해진 나머지 누구를 찾았습니까?(7절)

* 사울 왕은 자신이 정한 법을(3절) 은밀하고도 비밀스럽게 어겼다. 이는 위선적이고 이중적인 태도라고 할 수 있다.

❸ 사울 왕은 거짓 옷으로 변장하고 거짓 맹세로 여인에게 신접한 술법을 요구했습니다. 신접한 여인 역시 땅에서 올라오는 영을 보았다고 거짓말합니다. 온통 거짓 투성이였습니다. 결국 사울 왕은 여인이 말한 거짓 영을 누구라고 착각했으며, 그 앞에서 어떤 자세를 취했습니까?(14절)

❹ 사무엘의 영이라도 만나보려고 했던 사울 왕의 마음은 어떤 상태였습니까?(15절)

❺ 거짓 영은 사울 왕과 이스라엘의 미래에 대해 무엇이라고 말했습니까?(16–19절)

* 거짓 영에 사로잡힌 거짓 선지자들도 때로는 미래 예언이 가능하다(신 13:1–5; 마 7:15–22).

❻ 거짓 영의 예언은 사울 왕을 어떻게 만들었습니까?(20절)

* 하나님의 메시지는 새로운 결단과 용기를 준다.

❼ 사울 왕은 누구의 도움을 받아 기력을 회복했습니까?(21–25절)

* 하나님의 기름 부음 받은 자의 모습이 애처롭기까지 하다.

더 깊은 연구와 묵상을 위하여

❶ 하나님은 왜 사울 왕의 기도에 침묵하셨습니까? 급할 때만 찾는 기도, 삶에 하나님이 없는 기도, 손에 죄가 가득한 기도, 다양한 방법으로 하는 많은 기도가 응답받는다는 착각 등의 관점에서 살펴보십시오.

❷ 사울 왕은 백성들 앞에서는 하나님의 뜻대로 행동하는 척했지만, 은밀하게 하나님의 뜻과는 정반대로 행동했습니다. 여러분은 혼자 있을 때에도 하나님의 뜻대로 행동하고 있습니까?

적용을 위한 글

사울은 계속적으로 하나님께 불순종하며 하나님과 단절된 생활을 하다가, 블레셋의 침략으로 마음이 급해지자 그제서야 하나님을 찾았다. 하지만 하나님은 그런 식으로 하나님을 찾는 사울 왕에게 침묵으로 답하셨다. 사울은 다양한 방법으로 많이 기도하며 하나님의 응답을 기대했지만, 하나님은 그런 기도에 응답하시는 분이 아니다. 사울은 하나님의 침묵을 겸허하게 받아들이지 않고 점술가를 찾았다. 하나님의 기름 부음 받은 자가 신접한 자를 의지하고, 예언 때문에 낙망했다가 도움을 받아 다시 기력을 회복하는 모습이 애처롭기까지 하다. 우리는 종말로 치닫는 사울의 모습을 보면서, 사울이 처음 하나님의 부르심을 받아 왕으로 기름 부음 받은 때를 생각하지 않을 수 없다. 하나님을 떠나면 사울처럼 될 수밖에 없다. 그래서 우리는 늘 내가 하나님 안에 머무르고 있는지를 점검해야 한다. 나는 하나님 안에 있다고 생각해도 하나님 밖에서 살 수 있기 때문이다.

적용 및 결단을 위한 질문

❶ 하나님을 떠난 사울 왕은 거짓 영을 사무엘이라고 착각할 정도로 영적 분별력을 완전히 상실한 상태였습니다. 여러분의 영적 분별력은 어떤 상태입니까?

❷ 여러분은 다급한 나머지 미래를 알기 위해 아직도 주술적인 행위(사주, 점, 예언가)를 의지하고 있지는 않습니까?

24 하나님이 막으셨다

본문 사무엘상 29:1-11

외울말씀 이에 다윗이 자기 사람들과 더불어 아침에 일찍이 일어나서 떠나 블레셋 사람들의 땅으로 돌아가고 블레셋 사람들은 이스르엘로 올라가니라 (11절)

도입을 위한 글

아버지가 어린 아들을 데리고 쇼핑센터에 갔다. 아들이 시장바구니를 들고 아빠 뒤를 졸졸 따라다니면, 아빠는 사고 싶은 물건들을 골라 아들의 장바구니에 넣었다. 한두 개는 거뜬했는데, 여러 개를 집어넣으니까 점점 장바구니가 쳐지기 시작했다. 아들은 무거워하면서도 낑낑거리며 장바구니를 들고 아빠를 따라다녔다. 그 광경을 보고 있던 한 여인이 속으로, '속 좁은 남자! 자기 아들에게 저렇게 무거운 짐을 들게 하다니!'라고 생각했다. 그리고 아이에게 물었다. "얘야, 너 그거 무겁지 않니?" 그러자 꼬마가 뜻밖의 대답을 했다. "아니에요. 우리 아빠는 제가 얼마만큼 들 수 있는지, 제가 어느 정도 버틸 수 있는지 알고 계세요." 하나님께서는 우리가 어디까지 견딜 수 있는지 아신다. 우리가 감당할 수 없는 환난 가운데 빠져 좌절하고 있다면, 하나님께서는 반드시 찾아오셔서 도와주신다. 우리는 인생의 절망과 한계 상황 속에서도 오직 하나님만을 의뢰하고, 믿음의 사람으로 일어나도록 도우시는 하나님을 찬양해야 한다.

—이동원, 「짧은 이야기 긴 감동」

도입을 위한 질문

❶ 최근 '인생의 무거운 짐'이라고 느껴진 것이 있다면 무엇입니까?

❷ 여러분은 그 짐을 지고 나갈 때 긍정적으로 반응합니까, 아니면 부정적인 반응을 합니까?

본문 질문

❶ 블레셋과 이스라엘 간의 전쟁이 다시 시작되었습니다. 블레셋의 선제공격이 시작되었을 때 다윗은 어디에 있었습니까?(2절)

* "그 뒤에서"(2절)라는 표현은, 다윗의 이러지도 못하고 저러지도 못하는 태도를 반영한다.

❷ 블레셋의 방백들은 아기스 왕에게 다윗의 참전에 대한 이의를 제기했습니다. 방백들은 다윗과 그의 사람들을 누구라고 불렀습니까?(3절)

* 히브리(3절): '강 건너온 자들'이라는 뜻으로, 아브라함에게 최초로 붙여진 이스라엘 민족의 고유 명칭이다.

❸ 아기스 왕이 다윗을 변호하자 방백들은 분노했습니다. 방백들은 아기스 왕에게 무엇을 강력하게 요구했습니까?(4절)

❹ 아기스 왕은 방백들의 강력한 반대에 부딪쳐 다윗에게 무엇을 명령했습니까?(7절)

❺ 갑작스러운 아기스 왕의 복귀 명령에 다윗의 마음은 혼란스럽고 불안했습니다. 다윗은 상황에 급급한 나머지 말실수를 하고 맙니다. 다윗은 이스라엘을 무엇이라고 표현했습니까?(8절)

❻ 다윗은 안전을 위해 완벽한 거짓말을 했습니다. 하지만 아기스 왕은 다윗에게 어떤 진실을 말했습니까?(9-10절)

* 블레셋이라고 해서 모두 나쁘다거나 불신앙적이다는 일방적 편견에 주의할 필요가 있다.

❼ 다윗과 다윗의 사람들은 어떻게 되었습니까?(11절)

더 깊은 연구와 묵상을 위하여

❶ 블레셋 신하들의 미움과 배척이 오히려 다윗을 구했습니다. 요즘 여러분은 관계의 문제 때문에 힘들지는 않습니까? 혹시 그 힘듦이 여러분을 구하시려는 하나님의 손길은 아닙니까?

❷ 삶 가운데 종종 찾아오는 혼돈에도 하나님의 깊으신 계획이 있습니다. 여러분은 혼돈의 순간에도 하나님을 신뢰하며 그분만을 따르고 있습니까?

적용을 위한 글

아기스 왕의 제안으로 참전한 다윗은 사면초가의 상황이었다. 참전하지 않는다면 블레셋 왕에게 밉보이게 되고, 참전하여 이스라엘과 싸우면 동족상

잔의 비극이 되는 상황이었기 때문이다. 유다 땅에 계속 머물라는 선지자의 말을 무시하고 눈앞의 안전을 위해 블레셋 행(行)을 선택한 결과였다. 하지만 하나님은 다윗의 일시적인 불신앙의 결과도 사랑으로 감싸주셨다. 그래서 블레셋 신하들의 마음을 움직이사 다윗을 미워하게 하고 배척하게 하셨다. 결국 그 미움과 배척이 다윗을 전쟁에 참가하지 못하게 했다. 하나님은 측량할 수 없는 방법으로 다윗을 구하신 것이다. 하나님은 "시험 당할 즈음에 또한 피할 길을 내사 너희로 능히 감당하게"(고전 10:13) 하시는 좋으신 분이다. 더 나아가 우리는 예수님 십자가의 지혜를 깨달아야 한다. 인간의 미움과 배척을 통한 십자가가 오히려 인간을 구하는 길이 되었다. 하나님의 구원 방법은 측량할 수 없는 것이다. 그러므로 우리의 실수를 역전시켜 결국은 구원으로 인도하실 하나님을 신뢰하면서, 날마다 주님께 돌아가려는 탄력성을 가지고 승리하며 나아가자.

적용 및 결단을 위한 질문

❶ 주변의 불신자들은 여러분의 도덕적 생활에 대해 어떤 평가를 내리고 있습니까?

❷ 여러분은 상황에 급급한 나머지 불신앙적인 말이나 태도를 취한 적은 없습니까?

25 여호와를 힘입고

본문 사무엘상 30:1-17

외울말씀 백성들이 자녀들 때문에 마음이 슬퍼서 다윗을 돌로 치자 하니 다윗이 크게 다급하였으나 그의 하나님 여호와를 힘입고 용기를 얻었더라 (6절)

도입을 위한 글

존 스미스의 「포옹」(Hugs for Dad)이라는 책 중에 이런 대목이 있다. "나의 가는 길에 장애물이 가로막을 때 당신은 언제나 그 해결 방법을 알려주셨습니다. 그리고 나에게 용기를 불어넣어 주셨습니다. 당신의 도움이 가장 온전한 때는 내가 나약해지는 바로 그때임을 기억합니다. 당신으로 인해 눈앞에 닥친 패배와 곤경과 비난이 나의 성장을 돕는 기회임을 알았습니다." 장애물이 앞을 가로막을 때면 좌절하고 주저앉아 포기하기 쉽다. 그러나 바로 그 순간에 용기가 무엇인지를 깨닫고, 또한 그 용기를 주시는 하나님을 만나게 되는 좋은 기회가 된다. 장애물이 있었기에 용기를 준 하나님을 만날 수 있었다. 그래서 그때는 힘들게 느껴졌던 장애물이 고마운 존재로 여겨지게 되는 것이다.

도입을 위한 질문

❶ 여러분의 인생 중에서 가장 어려웠던 때는 언제입니까?

❷ 무엇인가를 잃어버렸을 때 여러분은 어떤 감정이 생깁니까?

본문 질문

❶ 아벡에서의 위기를 잘 넘기고 시글락으로 돌아온 다윗과 그의 사람들이 본 시글락의 상황은 어떠했습니까?(1–3절)

❷ 다윗과 그의 사람들은 전혀 예상치 못한 괴로운 상황에 대해 어떤 반응을 보입니까?(4–5절)

❸ 백성들은 마음의 슬픔이 너무 큰 나머지 어떤 극단적인 행동을 하려 했습니까?(6절a)

❹ 백성들의 극단적인 집단 행동에 다윗도 다급해졌습니다. 하지만 곧 힘과 용기를 얻었습니다. 다윗은 어디로부터 힘과 용기를 얻었습니까?(6절b)

* 크게 다급하였으나(6절): "입장이 대단히 난처하게 되었다"(현대인), "곤경에 빠지게 되었으나"(공동번역)라는 뜻이다.

❺ 다윗이 제사장의 에봇 앞에서 하나님께 물어본 것은 무엇이며, 하나님의 대답은 무엇이었습니까?(7–8절)

* 다윗은 종종 하나님의 뜻을 물을 때 제사장의 에봇을 이용했다(23:9–12). 다시 하나님을 의존하는 다윗의 모습을 엿볼 수 있다.

❻ 다윗은 급박한 상황이었지만, 그 와중에 만난 연약한 자에 대한 배려를 포기하지 않았습니다. 다윗은 연약한 자들을 어떻게 배려했습니까?(9–12절)

* 피곤한 이백 명의 부하(9–10절)와 길에서 발견한 애굽 사람 한 명(11–12절)을 배려해 주었다.

❼ 다윗의 작은 도움을 받은 아말렉의 종이 다윗에게 결정적인 정보를 제공해 주었습니다. "네가 반드시 따라잡고 도로 찾으리라"(8절)는 하나님의 말씀은 결국 어떻게 되었습니까?(16–17절)

더 깊은 연구와 묵상을 위하여

❶ 다윗의 사람들(백성들)의 격렬한 슬픔은 곧 원망과 분노로 바뀌었습니다. 여러분도 개인의 손해와 불이익 때문에 도가 지나치게 분노하거나 원망한 적은 없습니까?

❷ 다윗의 작은 배려는 한 개인은 물론 공동체 전체를 살렸습니다. 이는 하나님의 형상인 사람을 소중하게 여기는 다윗의 세계관 때문이었습니다. 여러분은 사람 중심입니까, 아니면 일 중심입니까?

적용을 위한 글

전혀 예상치 못했던 일이 일어나고 말았다. 동족상잔의 위기를 벗어나 이제 한숨 돌리도 있었는데, 이게 웬일인가? 하루아침에 소중한 재산과 가족들을 상실하게 된 것이다. 다윗과 그의 사람들은 울음과 눈물, 원망과 분노, 다급함으로밖에 반응할 수 없었다. 하지만 하나님의 마음에 합한 다윗은 이 내 정신을 가다듬고 다시 믿음으로 반응하기 시작했다. 잠시 혼란스러웠던 영적 주파수를 다시 하나님께 맞추고 하나님의 지시를 기다렸다. 이에 하나님은 기다리셨다는 듯이 다윗에게 응답하셨다. 이제 다윗은 혼자가 아니었다. 아니, 그 이전에도 혼자가 아니었다. 하나님은 세밀한 섭리를 통해 잃어버린 재산과 가족들을 되찾도록 하셨다. 여기서 중요한 것은 되찾은 재산과 가족이 아니다. 되찾은 다윗의 믿음이 더욱더 중요하다. 위기의 위기를 거듭하면서 다윗은 하나님을 더욱 깊이 만나게 되었다. 따라서 하나님의 사람들에게 위기는 곧 기회라고 할 수 있다.

적용 및 결단을 위한 질문

❶ 인생길을 걸어갈 때면 산 넘어 산, 즉 갈수록 태산(泰山)일 때가 많습니다. 그때 여러분은 어떻게 반응합니까? 믿음으로 반응합니까, 아니면 울음과 분노와 다급함으로 반응합니까?

❷ 여러분은 하나님을 의지할 때 경험하게 되는 하나님의 신비로운 섭리를 정말 신뢰합니까?

26 우리 의식

본문 사무엘상 30:18-31

외울말씀 다윗이 이르되 나의 형제들아 여호와께서 우리를 보호하시고 우리를 치러 온 그 군대를 우리 손에 넘기셨은즉 그가 우리에게 주신 것을 너희가 이같이 못하리라 (23절)

도입을 위한 글

어느 날 한 젊은이가 스펄전 목사님을 찾아와서 자신의 고민을 꺼내며 이런 요청을 했다. "목사님, 저는 교회 생활이 힘듭니다. 늘 시험을 받게 됩니다. 목사님께서 문제없는 완전한 교회를 하나만 소개해 주세요." 이때 스펄전 목사님은 빙그레 웃으면서 젊은이에게 이렇게 말했다. "자네가 혹시 그런 교회를 찾으면 나에게 꼭 알려주게. 나도 그 교회에 가서 그 교회의 성도가 되고 싶네. 그러나 자네는 그런 교회를 찾거든 절대로 그 교회에 속하지 말게." "왜요?" "왜냐하면 자네가 끼는 날부터 그 교회의 완전은 깨질 테니까 말이야. 바로 자네 때문에 말이야." 불완전한 인간이 모여서 형성하는 공동체는 언제나 문제들이 있을 수밖에 없다. 문제가 없기를 기대하는 것은 허구적 이상주의라고 할 수 있다. "몸 가운데서 분쟁이 없고 오직 여러 지체가 서로 같이 돌보게 하셨느니라 만일 한 지체가 고통을 받으면 모든 지체가 함께 고통을 받고 한 지체가 영광을 얻으면 모든 지체가 함께 즐거워하느니라 너희는 그리스도의 몸이요 지체의 각 부분이라"(고전 12:25-27).

도입을 위한 질문

❶ 교회가 정말 따뜻하다고 느낀 때는 언제였습니까?

❷ 여러분의 작은 도움과 배려로 용기를 얻었던 사람이 있습니까? 한 사람만 예를 들어보십시오.

본문 질문

❶ 하나님은 약속대로 다윗에게 큰 승리를 주셨습니다. 빼앗겼던 재산과 가족들이 모두 제자리로 돌아왔습니다. 다윗의 리더십과 명예도 회복되었습니다. 다윗을 돌로 치려했던(6절) 무리들은 승리의 공을 누구에게 돌렸습니까?(20절b)

❷ 브솔 시내에 남아있던 이백 명은 개선하는 다윗을 영접했습니다. 다윗은 그 이백 명의 영접에 어떻게 반응했습니까?(21절)

❸ 참전자 중에서 악한 자와 불량배들은 이백 명의 낙오자들이 달갑지 않았습니다. 그들은 다윗에게 무엇을 제안했습니까?(22절)

* 불량배들(troublemakers; NIV, 22절): "심술궂은 자들"(공동번역), "건달들"(현대인)을 말한다.

❹ 공동체가 분열될 위기에 놓였습니다. 그때 다윗은 반대 의견을 제시한 악한 자들과 불량배들에 대해 어떤 호칭을 사용했습니까?(23절)

❺ 다윗은 악한 자들과 불량배들에게 "우리"라는 표현으로 공동체성을 강조했습니다. 23절에서 "우리"라는 말은 몇 번이나 나옵니까?

❻ 다윗은 전리품을 동일하게 분배해야 한다고 단호하게 주장했습니다(24절). 다윗은 전리품이 누가 누구에게 준 것이라고 생각했기 때문입니까?(23절)

 복제불허 © 프리셉트

❼ 다윗은 전리품에 연연해 하지 않았습니다. 다윗은 전리품을 누구에게 나누어 주어 여호와의 이름을 높였습니까?(26-31절)

* 다윗은 아말렉과 계속해서 싸워왔다(27:8).

더 깊은 연구와 묵상을 위하여

❶ 도저히 회복할 수 없어 보이던 다윗의 상황이 역전되었습니다. 여러분은 자신의 삶을 회복시키시고 치료하시는 하나님을 신뢰하고 있습니까?

❷ 여러분은 공동체 내에서 악한 자들과 말하기 좋아하는 자들의 제안을 어떻게 처리합니까?

적용을 위한 글

자유 경쟁의 원리는 자본주의 이념이며, 공평의 원리는 공산주의 이념이었다. 하지만 역사는 두 이념 모두 인류 공동체를 구원할 이념이 아니라는 것을 증명해주고 있다. 인류 공동체를 구원할 이념은 오직 사랑의 원리, 은혜의 원리밖에 없다. 자기애, 자기 의를 포기하면서 다른 이들을 위해 희생하는 예수 그리스도의 사랑과 은혜의 원리만이 세상을 구원할 수 있다. 다윗은 전리품을 중요하게 생각하지 않았다. 다윗이 소중하게 생각한 것은 사람이었다. 전리품을 얻고 사람을 잃어버린다면 소용없는 일이다. 그러나 우리는 그런 실수를 너무 많이 하고 살아간다. 더 많은 돈, 더 많은 이익, 더 높은 자리, 더 안정된 지위, 더 확고하게 다른 사람을 통제하는 위치에 서려고 안간힘을 쓴다. 그러면서 주위의 사람을 도구로 여긴다. 또한 다윗은 전리품 보다 여호와의 이름이 높아지는 것을 더 소중하게 생각했다. 그래서 자신의 전리품을 포기하고 각 유다 지방에 나누어 줌으로써, 여호와의 이름을 높일 수 있었던 것이다.

적용 및 결단을 위한 질문

❶ 여러분은 옆 사람을, 여러분이 속한 공동체를, 그리고 하나님을 소중하게 여깁니까?

❷ 여러분은 삶의 더 많은 전리품을 소유하려고 분주해하지 않습니까? 중요한 것은 전리품이 아니라 여호와의 이름입니다.

27 심판받은 사울 왕

본문 사무엘상 31:1-13

외울말씀 사울과 그의 세 아들과 무기를 든 자와 그의 모든 사람이 다 그 날에 함께 죽었더라 (6절)

도입을 위한 글

나의 회심(回心)은 제멋대로 살던 나를 그리스도인으로 바꿔놓았다. 거듭났다는 것을 확연히 알 수 있었기에 누가 내게 그것을 말해줄 필요가 없었다. 나의 확신은 단순히 구원과 관계된 성경 말씀들을 연구해 내린 결론이 아니었다. 물론 그런 연구가 내게 어느 정도 확신을 준 것은 사실이지만, 그것이 전부는 아니었다. 성경 연구뿐만 아니라 성령이 주신 내적(內的) 증거가 있었기에 내게 확신이 생겼던 것이다. 당신도 스스로 믿음을 판단할 수 있다. 당신의 마음을 깊이 살펴보라. 그리고 자신에게 물어보라. '나는 그리스도인이 될 뻔한 사람인가, 아니면 진짜 그리스도인이 된 사람인가?' 그리고 오늘 밤 잠자리에 들기 전에 이렇게 외쳐 보라! "나는 남들이 뭐라 하든 상관하지 않겠다. 나의 모든 두려움과 의심을 헤치고 나아가 그리스도께 도달하겠다. 다이빙대에서 점프해 몸을 풀장에 맡기듯이, 나는 나 자신을 던져 그분에게 맡기겠다. 그분이 완전히 구원하시도록 오늘 밤 나를 그분에게 맡기겠다. 오, 주여! 최후의 심판 날에 주님이 '너는 나의 제자가 될 뻔한 사람이다'라고 선언하시는 일이 제게 일어나지 않게 하소서."

–A. W. 토저, 「세상과 충돌하라」

도입을 위한 질문

❶ 여러분은 사랑의 하나님과 공의의 하나님 중 어떤 하나님을 더 신뢰하고 좋아합니까?

❷ 하나님이 행하실 최후의 심판에 대해 어떻게 생각합니까?

본문 질문

❶ 사울 왕의 군대는 하나님을 외면했습니다. 하나님도 사울 왕의 군대를 외면하셨습니다. 하나님의 보호가 해제된 사울 왕의 군대와 사울 왕은 어떻게 되었습니까?(1–3절)

❷ 중상을 입은 사울 왕은 결국 어떤 죽음을 선택했습니까?(4–5절)

* 사울 왕은 무할례자인 블레셋의 손에 죽는 것을 수치라고 생각했다. 만약 사울이 생포되었다면, 신체 일부를 절단당하고 적국의 왕의 식탁에서 부스러기를 얻어먹는 신세가 될 수도 있었기 때문이다.

❸ 사울 왕의 자살과 함께 사울 왕의 군대에도 죽음의 그림자가 드리웁니다. 사울 왕과 함께 죽은 자들은 누구입니까?(5-6절)

❹ 하나님의 백성들이 도망을 가고 죽임을 당했습니다. 급기야는 무엇까지 빼앗겼습니까?(7절)

* 성읍을 빼앗긴 것은 중요한 신학적 의미를 지닌다. 하나님이 하나님의 백성들에게 주신 성읍을 빼앗겼다는 것은, 곧 하나님 백성의 자격을 빼앗겼다는 의미이다.

❺ 사울 왕은 죽음 이후에도 수치를 당했습니다. 사울의 시체는 어떻게 되었습니까?(9-10절)

* 왕의 머리는 정복을 자랑할 수 있는 가장 좋은 전리품이었다.

❻ 길르앗 야베스 사람들은 사울 왕의 시체를 어떻게 했습니까?(11-12절)

❼ 길르앗 야베스 사람들은 사울 왕가의 시체를 장사한 후 무엇을 했습니까?(13절) 길르앗 야베스 사람들은 왜 그렇게 사울 왕가에 호의를 베풀었습니까?(삼상 11장 참조)

* 사울 왕은 길르앗 야베스의 영웅이자 은인이었다.

더 깊은 연구와 묵상을 위하여

❶ 하나님은 하나님을 외면한 신앙 공동체를 적으로 간주하셔서 그들과 싸우실 수도 있다는 것을 배웠습니다. 여러분의 교회와 가정은 어떻습니까?

❷ 길르앗 야베스 사람들은 은혜를 갚을 줄 아는 사람들이었습니다. 여러분이 아직 은혜를 갚지 못한 은인들은 누구입니까?

적용을 위한 글

마침내 하나님은 사울 왕을 심판하셨다. 계속적인 하나님의 손길에도 불구하고, 사울 왕은 하나님을 외면하고 거부했다. 결국 하나님은 사울 왕을 포기하고 떠나셨다. 하나님의 영광이 떠난 사람은 하나님의 보호를 받을 수 없다. 오히려 공의로우신 하나님의 적이 되어 버린다. 하나님을 이길 수 있는 사람은 없다. 사울 왕의 치명적인 실수는 이런 영적 진리에 대해서 무지했다는 것이다. 오로지 사울 왕의 눈에는 사람과 명분만 보였다. 사람에게 당한 수치와 패배에만 집중하다 보면 하나님이 보이질 않는다. 하나님이 보이지 않는 사람은 결국 하나님 없이 살아가게 되고, 그런 삶의 종착점에는 하나님의 심판만이 기다린다. 따라서 우리는 항상 하나님을 인식하며 살아야 한다. 사람보다 하나님을 더 두려워해야 한다. 아니, 하나님만을 두려워해야 한다. 한편, 끝까지 사울 왕가로부터 받은 은혜를 기억하며 사울 왕가를 선대한 길르앗 야베스 사람들에게서 은혜는 어떻게 갚아야 하는지에 대한 깊은 교훈을 받을 수 있다.

적용 및 결단을 위한 질문

❶ 사울은 사람으로부터 받는 수치심에만 민감했을 뿐, 하나님으로부터 받는 외면에는 관심도 없었습니다. 여러분은 사람에게만 집중하고 있지 않습니까?

❷ 계속적으로 하나님을 거부하고 반항하면 사울처럼 심판받게 됩니다. 구제할 방법이 도무지 없습니다. 여러분이 섬기는 하나님은 사랑의 하나님인 동시에 공의의 하나님 되심을 믿습니까?

■ PRECEPT BOOK LIST

Ⅰ. 리더십 · 성공

1 리더가 저지르기 쉬운 10가지 실수(컴팩트) 한스 핀젤
2 참된 성공에 이르는 비결 데이비드 쇼트
3 파워리더 여호수아 김경섭
4 파워리더 느헤미야 김경섭
5 모세 지도력의 비밀 김경섭
6 사사열전 김경섭
7 담대한 믿음, 여호수아 이윤재
8 믿음의 영웅들 김경섭

Ⅱ. 영성 · 자기 계발

1 축복의 언어 존 트렌트 · 게리 스몰리
2 고통의 의미 케이 아더
3 소망 케이 아더
4 하나님을 향한 마음 케이 아더
5 하나님의 주권 케이 아더
6 비전의 힘(컴팩트) 마일즈 먼로
7 축복의 통로 래리 허커
8 영적 전투의 전략 워렌 W. 위어스비

Ⅲ. 가정 · 상담 · 치유

1 성, 그 끝없는 유혹 케이 아더
2 아내를 사랑하는 10가지 방법 한스 & 도나 핀젤
3 행복한 결혼생활의 비결 케이 아더
4 영적 치유 케이 아더
5 자녀를 하나님의 사람으로 만드는 43가지 지혜 앤드류 머레이
6 자녀와 함께 드리는 가정예배 프리셉트성경연구원

Ⅳ. 목회 · 교회 · 교육

1 OLD & NEW 김우영, 김병삼
2 장로교와 감리교 무엇이 다른가? 김우영
3 심방설교 핵심파일 프리셉트성경연구원
4 존 스토트 설교의 원리와 방법 안병만
5 청중을 사로잡는 설교자 캘빈 밀러
6 나의 나 된 것은 하나님의 은혜라 케이 아더
7 하나님 이름에 숨겨진 비밀 케이 아더
8 네트워크 은사발견 사역(주교재) 빌 하이벨스 외
9 성경 길잡이 케이 아더
10 어린이 전도행전 홍영순
11 효과적인 목회전략 토니 모건 · 팀 스티븐스
12 가정교회를 일으켜라 래리 크레이더
13 교회 갈등, 이렇게 해결하라! 케네스 O. 갱겔 & 새뮤얼 A. 케이나인
14 좋은 교회에서 위대한 교회로 톰 레이너
15 사명을 수행하는 교회 데니스 비커스
16 열정적 설교 알렉스 몬토야
17 주제별 말씀 모음집 김경섭 외

Ⅴ. 교사 · 리더

1 감동을 창조하는 인간관계 윌리암 J. 디엄
2 감정 치유의 6단계 데이비드 클락
3 프리셉트 귀납적 성경 연구 방법 케이 아더
4 위대한 교사 위대한 리더 게리 브레드펠트
5 복음이란 무엇인가? 김경섭

Ⅵ. 기도 · 신앙생활

1 기도하는 엄마들(소책자) 펀 니콜스
2 삶을 변화시킨 끄웨르바 이야기 김연수
3 홍정길 목사의 301가지 감동 스토리 Ⅰ 프리셉트성경연구원
4 홍정길 목사의 301가지 감동 스토리 Ⅱ 프리셉트성경연구원

5 나비 이야기 프리셉트성경연구원
6 언약, 신실하신 하나님의 약속 케이 아더
7 하나님, 솔직히 돈이 좋아요! 김병삼
8 그리스도의 가상칠언 김경섭
9 놀라운 하나님의 이름 김경섭
10 하나님을 미소짓게 하는 이야기 김병삼
11 하늘의 음성 김경섭

Ⅶ. 묵상 · 성경공부

1 큐티합시다 오대희
2 Q.T 첫 걸음 프리셉트성경연구원
3 효과적인 경건의 시간 케이 아더
4 성경을 믿어야 하는 일곱 가지 이유 어윈 루처
5 예수님의 비유로 풀어 쓴 천국 시크릿 김연수
6 스토리텔링 다윗 설교 김연수

Ⅷ. 핸드북

1 그리스도와 함께 앤드류 머레이
2 기도, 하나님과의 로망스 후안 카를로스 오르티즈
3 나를 연단하시는 하나님의 섭리 케이 아더
4 십자가 상의 일곱 마디 말씀 김경섭
5 소리나는 스프 홍정길
6 일상에서 배운 삶의 지혜 토드 템플
7 성공을 가로막는 일곱가지 장애 김병삼
8 성공을 디자인하는 삶의 비밀 피터 허쉬
9 인간관계, 감동으로 창조하라 윌리암 J. 디엄
10 영성회복을 위한 40가지 열쇠 스티븐 아터번 외
11 토마스 아 켐피스의 그리스도를 본받아 토마스 아 켐피스

Ⅸ. 클래식 시리즈

1 온전한 순종 앤드류 머레이
2 인류 최고의 고전 그리스도를 본받아 토마스 아 켐피스
3 앤드류 머레이의 하늘문을 여는 기도 앤드류 머레이
4 현대인을 위한 예수님이라면 어떻게 하실까? 찰스 쉘던
5 현대인을 위한 어거스틴의 참회록 성 어거스틴
6 현대인을 위한 참된 목자 리처드 백스터
7 현대인을 위한 성도의 공동생활 디트리히 본회퍼
8 현대인을 위한 죄 죽이기 존 오웬
9 현대인을 위한 천로역정 존 번연

Ⅹ. 어린이

1 놀라운 성경 탐험 메리 홀링스워스
2 말씀으로 치유되는 십대들의 고민 50가지 필 첼머스
3 나의 사랑하는 성경(구약) 오대희
4 나의 사랑하는 성경(신약) 오대희
5 파란 눈의 중국인 선교사 허드슨 테일러 캐서린 맥켄지
6 고아들의 영웅 조지 뮬러 아이린 호왓
7 어린이를 위한 벤허 루 월리스
8 어린이를 위한 천로역정 존 번연
9 고통 속에서 희망을 노래하는 코리 텐 붐 체스티 호프 바에즈
10 달리기 챔피언 선교사 에릭 리들 존 케디
11 꿈과 열정의 전도자 빌 브라이트 킴 트위첼
12 살아 있는 순교자 리처드 범브란트 캐서린 맥켄지
13 종교 개혁의 횃불을 든 마틴 루터 캐서린 맥켄지
14 열정의 복음 전도자 디엘 무디 낸시 드러먼드

Ⅺ. 청소년

1 수험생을 위한 100일 묵상 프리셉트성경연구원
2 입시생을 위한 60일 묵상 프리셉트성경연구원
3 청소년 365일 묵상집 프리셉트성경연구원
4 청소년을 위한 구약개관 프리셉트성경연구원

심도 있게 편찬된
구역 및 대학·청년부 BEST G.B.S. 교재

BEST 사무엘상 Ⅱ

지은이 | 프리셉트팀(이상훈)

초판 1쇄 | 2012년 9월 28일
초판 3쇄 | 2019년 8월 20일

발행인 | 김경섭
국제총무 | 최복순
총무 | 김상현
기획국장 | 김현욱
서적부 | 양재성, 신충경
편집부 | 고유영(편집실장), 김지혜, 허윤희, 유권지

발행처 | 묵상하는사람들
등록번호 | 20-333
일부총판 | 생명의말씀사 Tel. (02) 3159-7979 Fax. 080-022-8585

주소 | 서울시 동작구 사당로2가길 91(사당동) (우) 07028
전화 | (02) 588-2218 팩스 | (02) 588-2268
홈페이지 | www.precept.or.kr
국민은행 772-21-0310-382(김경섭)
2012 © 묵상하는사람들

값 4,500원
ISBN 978-89-8475-561-1 04230
978-89-8475-456-0 04230(세트)

독자 여러분의 의견을 기다립니다.
독자 전화 (02) 588-2218 / pmnqt@hanmail.net